基于随机动态行程时间可靠性的车辆路径选择问题研究

智路平 著

西北工业大学出版社
西 安

【内容简介】 本书通过对瞬时车速、路段下游信号相位及排队长度三者的内在关联性的综合分析研究，将车辆在随机动态路网中的路段行驶状态进行分类，构建随机动态道路行程时间预测模型，以此为基础将行程时间可靠性作为车辆路径选择的关键指标，分别阐述了路径集车辆路径选择问题和复杂路网车辆路径选择问题。同时，构建对应的仿真模型，验证理论算法的可靠性，并形成相应的仿真算法。

本书可作为相关专业研究生教材，也可供有关科研人员阅读参考。

图书在版编目（CIP）数据

基于随机动态行程时间可靠性的车辆路径选择问题研究/智路平著. —西安：西北工业大学出版社，2019.3
ISBN 978-7-5612-6458-4

Ⅰ.①基… Ⅱ.①智… Ⅲ.①交通运输管理—最佳化—研究 Ⅳ.①U491

中国版本图书馆 CIP 数据核字（2019）第 018166 号

JIYU SUIJI DONGTAI XINGCHENG SHIJIAN KEKAOXING DE CHELIANG LUJING XUANZE WENTI YANJIU

基于随机动态行程时间可靠性的车辆路径选择问题研究

责任编辑： 张 潼		**策划编辑：** 李 萌	
责任校对： 卢颖慧 范 兵		**装帧设计：** 李 飞	

出版发行：西北工业大学出版社
通信地址：西安市友谊西路 127 号　　邮编：710072
电　　话：(029) 88493844　88491757
网　　址：www.nwpup.com
印 刷 者：西安浩轩印务有限公司
开　　本：787 mm×1 092 mm　　1/16
印　　张：7.5
字　　数：147 千字
版　　次：2019 年 3 月第 1 版　　2019 年 3 月第 1 次印刷
定　　价：42.00 元

如有印装问题请与出版社联系调换

前 言

在交通基础设施基本完善之后,优化车辆路径选择有利于交通流在路网中的合理分配,实现资源与需求的优化配置。对于出行总成本的下降、道路服务水平的提升、车辆尾气排放量的减少及清除雾霾具有重要的现实意义,另外对提升事故救援效率也至关重要。因此关于车辆路径选择问题的各种研究方法不断被提出并加以论证,然而由于现实问题的复杂性,对车辆路径选择问题的解构过程并未完成,需要进一步的研究探索。如何实现随机动态环境下的最优路径选择是交通领域迫切需要解决的关键问题之一。

本书通过对国内外关于车辆路径选择问题相关研究情况的全面梳理和分析,发现当车辆处于随机动态路网条件下,车辆的路径行程时间具有很大的波动性,已有以时间断面值为权值进行最短路径选择的方法具有片面性;而完全的动态行程时间计算方法在时变的交通条件下得到的行程时间由于效率低而缺乏实用性。

为解决此问题,本书综合考虑瞬时车速、路段下游信号相位及排队长度三者的内在关联性,将车辆在随机动态路网中的路段行驶状态进行分类,构建随机动态道路行程时间预测模型,以此为基础尝试进行将行程时间可靠性作为车辆路径选择的关键指标,分别对明确路径集(路径明确且数量少)车辆路径选择问题和复杂路网(路径未直接给出且数量多)车辆路径选择问题进行研究。同时,构建对应的仿真模型,验证理论算法的可靠性,并形成相应的仿真算法。

整个研究的重点在于以下三方面:

(1)预测随机动态交通条件下的路段行程时间可靠性。在时变的道路网络中,根据交通流在交通网络上的运行特性,考虑出行者与路况的交互作用,将红灯相位结束时刻目标车辆与车流排队队尾位置的相互关系作为行程时间预测的关键点,将车辆排队长度随时间产生的变化情况、实时道路服务水平对车流速度的影响以及多重红灯相位的叠加影响这些重要因素引致的车流行程时间波动反映出来，形成一种有效的随机动态交通条件下的路段行程时间预测方法。以此为基础阐述不同道路服务水平下的随机动态路段行程时间可靠性，为路径选择研究奠定基础。

（2）以行程时间可靠性为导向进行车辆路径选择问题的研究。依据建立的随机动态路径行程时间可靠性模型，对明确路径集车辆路径选择问题、复杂路网车辆路径选择问题分别进行了算法构建：①对于明确路径集车辆路径选择问题，使用期望行程时间—预测行程时间—行程时间可靠性三段式分阶段标准进行路径选择；②对于复杂路网车辆路径选择问题，将由路段行程时间可靠性之积确定的路径行程时间可靠性进行对数转换后，使用Dijkstra算法求出最可靠路径作为目标方案。

（3）构建对应明确路径集车辆路径选择问题和复杂路网车辆路径选择问题的车辆路径优化选择仿真模型。为了验证本书提出的理论模型的有效性，同时将车辆间的相互影响、车道选择带来的行程时间差异等难以量化的问题纳入研究体系，并且减少每次路径选择均需获取大量实地调研车辆数据的操作难度，本书使用Aimsun仿真软件构建对应理论模型案例的仿真模型，与理论模型一起形成关于路径选择问题的全套解决方案。

写作本书曾参阅了相关文献、资料，在此，谨向其作者深表谢意。

鉴于笔者水平有限，对于书中尚未发现的不足，恳请读者批评指正。

著 者

2018年10月

目 录

第1章 综 述 ··· 1
1.1 主要研究内容及方法 ··· 3
1.2 静态路径选择问题研究综述 ··· 8
1.3 动态路径选择问题研究综述 ··· 10
1.4 动态交通预测问题研究综述 ··· 14
1.5 行程时间可靠性问题研究综述 ·· 17
1.6 本章小结 ··· 22

第2章 随机动态路段行程时间可靠性研究 ·· 24
2.1 期望行程时间计算理论 ·· 24
2.2 基于集散波理论的路段行程时间模型 ·· 25
2.3 随机动态路段行程时间可靠性模型 ·· 30
2.4 随机动态路段行程时间可靠性基础参数设定 ··· 42
2.5 随机动态路段行程时间可靠性案例分析 ··· 44
2.6 本章小结 ··· 49

第3章 以行程时间可靠性为导向的明确路径集车辆路径优化选择算法研究 ········ 50
3.1 明确路径集路径选择基础问题模型 ·· 50
3.2 随机动态路径行程时间可靠性模型 ·· 51
3.3 随机动态路径选择模型 ·· 52
3.4 明确路径集路径选择案例分析 ·· 55
3.5 明确路径集车辆路径优化选择算法仿真研究 ··· 60
3.6 本章小结 ··· 72

第4章 以行程时间可靠性为权值的复杂路网车辆路径选择算法研究 ············ 74
4.1 复杂路网路径选择问题的基本模型 ·· 74
4.2 单目的地随机动态复杂路网路径选择算法 ··· 75

1

4.3 多目的地随机动态复杂路网路径选择算法 ·············· 81
4.4 复杂路网车辆路径选择算法仿真研究 ·············· 84
4.5 本章小结 ·············· 107
第5章 结论和展望 ·············· 108
5.1 研究结论 ·············· 108
5.2 研究工作展望 ·············· 109
参考文献 ·············· 110

第1章 综　　述

多年来我国经济持续高速健康发展，为了普遍提高人民群众的生活水平，各地均大力实施新型城镇化发展战略，城市化改造的范围不断扩大。对于居民而言，除了居住环境的不断改善，居民出行所依赖的城市道路交通系统也得到了不断完善。

以特大型城市上海市为例，截至 2016 年 12 月 31 日，全市共有公交车辆 16 693 辆，公交站点共计 22 674 个，运营线路 1 457 条，线路长度 24 169 km，日均客运量 653.3 万人次/日；出租汽车运营车辆 48 050 辆，日均客运量 235.6 万人次/日，日均载客车次 131 万次，载客里程 991.3 万 km/日；道路旅客运输车辆（沪籍）10 327 辆，车辆客位数约 47.2 万座，客运班线 3 379 条，日均发送 3 018 班次，年公路旅客发送量 3 402 万人次；道路货物运输车辆 201 904 辆，年道路货物运输量 3.9×10^9 t，货物运输周转量 2.82×10^{11} t·km。诚然，交通系统的完善极大地便利了居民出行及运输，可选路径不再单一，但随之而来的交通问题也上升到了不可忽视的程度。

各交通业态千万级的日出行需求量是特大型城市的标志，与此同时各种交通问题也随之而来：第一，诸如交通拥堵、交通安全与环境污染等问题越来越影响到居民日常生活；第二，在数量增长的同时，效率曲线越过增长阶段，各地均出现了高峰时段，机动车行程时间远远大于非机动车行程时间这一能耗与出行效率反转的现象；第三，2016 年共享单车大量投放之后，立即成为短距离出行的首选交通方式，非机动车出行量大幅度增长，但风、沙、雨、雪等恶劣气候状况出现时，非机动车出行量又不得不向机动车出行转换，骤然增加的机动车出行量使得机动车出行效率进一步下降，尤其是在上海、北京等特大城市，恶劣天气的早晚高峰交通拥堵造成的经济、社会损失不断加剧。

为了改善居民出行及道路运输条件，交通管理部门做出了许多努力，但交通问题的解决是系统性持续改善的过程，需要交通参与者从技术层面、管理层面及经济层面共同努力。其中，使用者在配合管理部门的政策提升交通秩序的同时，需要通过选择有效的出行路径来提高自身的出行效率。合理选择路径，一方面能够避免交通拥堵，实现系统资源的合理分布；另一方面也能够有效降低交通污染物的排放量，实现不以牺牲环境为代价的发展。

车辆路径问题（Vehicle Routing Problem，VRP）是交通使用者在出行中面临的主要问题之一。合理的路径选择，从货运角度可以极大地降低社会整体物流成本，提升物流配送系统效率，提高物流服务水平；从客运角度可以提高出行者的效率及满意度，提高出行体验；从环保角度可以降低车辆尾气排放量，为清除雾霾做出贡献。因此研究车辆路径优化问题具有重要的现实意义。

国内外学术界对车辆路径选择问题的研究由来已久。综合多种研究成果，本书将车辆路径选择问题定义为给定起点 O（Origin）和迄点 D（Destination）之间的位置距离、交通状况等信息，在满足各种约束条件下，车辆寻找在路程、费用、时间等方面达到综合最优的路径的问题。

当前，对于车辆路径选择问题的研究，主要是针对在大规模路网节点条件下，从宏观的系统规划角度进行的路径选择研究，通常以车辆数和总路长作为优化的目标函数，其优化原则是最短的时间、最低的成本及最多的服务对象等。

宏观角度进行车辆路径优化需要解决的问题规模随着城市的快速发展变得越来越庞大，各个任务节点之间的关系越来越复杂。受到车辆空间限制、路况条件对服务时间的影响，求解大规模车辆路径优化问题成为运筹学领域的一大难题，该问题属于 NP‐hard 非确定性多项式求解问题。在目的地的数量超过20之后，通过精确算法通常就很难保证在合理的时间内求出最优解，有时可能连局部最优解也无法求取。

因此多数学者通过对该问题进行预处理，然后运用各种不同的启发式算法，通过对实例和数据进行反复验证，以便在有限的计算机运行处理速度下，在一个较合理的时间内求得问题的最优解或者是近似最优值。

但此类方法通常将VRP问题看作是一个理论性很强的静态问题，忽视了实际交通网络的随机动态性事实，适用于规划层面。此类方法存在的主要问题：在规划行车线路时，一般将涉及的信息和参数取定值，基于此设定的车辆行驶路径也是相对固定的。然而，实际交通路网中却存在着很多的不确定性，例如由于气象、拥堵、事故等一些自然和非自然因素的影响，会出现行程时间、服务时间、以及车辆等待时间的随机波动等，面对这些不能确定的信息，需要对车辆的路径选择进行持续的优化处理。

随着车辆路径优化问题研究及应用地不断深入，单纯从宏观上将车辆数、总里程等作为目标函数进行路径选择分配的算法已经无法满足导航系统普及后，现代社会物资运输及居民出行对于精准服务的需要。从微观层面（出行者角度）出发，以行程时间为优化目标函数的动态车辆路径选择问题，成为导航系统提供更精确导航

第1章 综　述

信息需要解决的关键问题之一。

目前导航系统提供的实时行程时间信息基本上依靠计算机实时比对路径长度与行驶速度做出的行程时间预判，由于没有考虑行程的动态延误，常会出现后一时刻估计的行程时间大于前一时刻估计的行程时间这一悖论。

对于此类行程时间导向的路径选择问题的研究，特别是考虑随机动态交通路网条件下的行程时间的路径选择问题的研究虽有文献有所涉及，比如刘昌生（2014）对于配送时间的考虑也只是考虑到了随机的因素，并没有对随机行程时间进行详细的分析，还需要进行深入的研究。

深化随机动态交通网络条件下的行程时间预测研究，为路径选择提供更精确的理论算法，有利于提高应用体系的实际价值，增加出行者做出正确路径选择的概率。

1.1 主要研究内容及方法

本书将在建立随机动态路网条件下的路径行程时间可靠性模型的基础上，针对路径集明确条件下的路径选择问题、复杂路网中路径集不明确条件下的路径选择问题，以行程时间可靠性为关键选择指标建立相应的选择算法，并从仿真角度对算法进行模拟验证，形成切实有效的车辆路径选择模型体系。

为实现该目标，本书深入分析了随机动态环境下的车辆行驶过程，形成以下研究内容：

（1）建立随机动态路段行程时间预测模型；
（2）建立随机动态路段行程时间可靠性预测模型；
（3）建立随机动态路径行程时间预测模型；
（4）建立随机动态路径行程时间可靠性预测模型；
（5）建立行程时间导向的明确路径集车辆路径优化选择算法；
（6）进行明确路径集车辆路径选择算法仿真研究；
（7）建立复杂路网单目的地车辆路径选择算法；
（8）建立复杂路网多目的地车辆路径选择算法；
（9）进行复杂路网单目的地车辆路径选择算法仿真研究；
（10）进行复杂路网多目的地车辆路径选择算法仿真研究。

最终形成一套完整的随机动态车辆路径优化选择算法。

为了提高随机动态交通网络条件下车辆路径选择的有效性，本书建立了以红灯相位结束时刻目标车辆位置与排队车流队尾位置的相对关系为核心的随机动态路段行程时间模型。

为了解决随机动态行程时间预测值不唯一导致的求解困难，笔者特构建了使用行程时间可靠性作为路径选择依据的算法模型，将路径选择由时间范畴延伸到时间可靠性范畴。

为了验证算法模型的有效性，建立了对应的仿真模型，从仿真角度证明使用本书基于随机动态行程时间可靠性建立的路径选择算法是有效的。

本书整体的篇章结构如下：

第一章，综述。给出基于随机动态行程时间可靠性的路径选择问题的研究背景及意义，并介绍本书的主要内容及研究方法，从总体上阐述本书的研究思路及框架，并分析总结关于车辆路径选择及行程时间可靠性问题的相关研究成果、特点及不足之处，为本书开展相关研究奠定理论基础。

第二章，随机动态路段行程时间可靠性研究。按照集散波理论对路段行程时间的分解模型，综合分析观测时点目标车辆位置与路段下游排队车流队尾位置的相对位置关系、信号配时、以及车流消散速度等因素之间的相互作用机制，构建随机动态路段行程时间模型。然后根据可接受水平，建立随机动态路段行程时间可靠性模型。

第三章，以行程时间可靠性为导向的明确路径集车辆路径优化选择算法研究。对已经明确给出路径集的车辆路径选择问题，以行程时间为导向，利用第三章的研究成果，将路径选择的过程分为三步：第一步，依据期望行程时间进行路径选择预判；第二步，按照预测行程时间进行路径初选；第三步，对各条路径的行程时间可靠性进行分析，从而修正路径选择方案。使用 Aimsun 仿真软件构建对应的仿真模型，结合实测数据从仿真角度验证理论算法的有效性，并提供一种由仿真模型和三阶段选择算法结合的路径选择模式。

第四章，以行程时间可靠性为权值的复杂路网车辆路径选择算法研究。在以路段行程时间可靠性为权值的路网中通过函数变换，将问题转化为可使用德杰斯特拉（Dijkstra）算法进行求解的形式，分别进行复杂路网单目的地车辆路径选择和复杂路网多目的地车辆路径选择。选择典型案例建立仿真模型，使用理论算法进行车辆路径选择，将仿真计算结果与案例调查结果对比，验证算法的有效性。

第五章，结论和展望。总结研究的主要成果，梳理有待进一步解决的问题。

为了实现以上研究目标，合理有效地将行程时间可靠性用于路径选择研究中，笔者用文献分析法对路径选择及行程时间可靠性的国内外研究状况及算法发展状况进行了深入而全面的分析；用系统分析法对随机动态网络条件下的行程时间进行了全新细致的分析；利用仿真软件对随机动态路网车辆路径选择算法进行建模分析；用 Dijkstra 算法对复杂路网下的车辆路径选择问题进行计算。图 1-1 所示为研究技术路线。

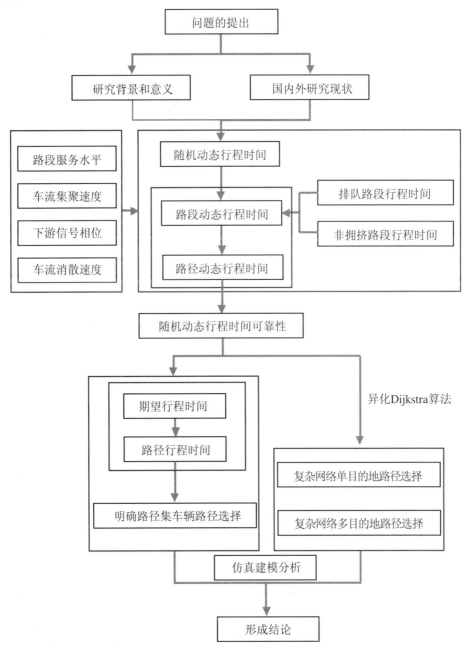

图 1-1 研究技术路线

本书对随机动态条件下的车辆路径选择问题进行了全面的分析，建立了一套较为完整的路径选择算法和模型，在以下三方面做出了创新突破。

(1) 根据信号相位转换时刻，目标车辆位置与排队车流队尾位置的相对位置关系进行行程时间分类预测。形成车辆在路段上多种细分的行驶路段时长与排队路段时长计算模型，将车辆排队长度随时间变化产生的后果、实时道路服务水平对车流运行速度的影响、以及多重相位周期的影响纳入模型分析范围。

(2) 将期望行程时间、随机动态行程时间、随机动态行程时间可靠性递接式用于明确路径集路径选择。使用期望行程时间可以首先剔除时间窗要求之外的路径，使用预测行程时间集的上界可保证所选的路径合理，使用行程时间可靠性从概率角度提升了路径选择的准确性，避免了以往由于考虑了随机动态路网条件得不到准确预测值，而必须人为设定各种约束的狭隘性。

(3) 从理论和仿真双重角度研究随机动态车辆路径选择问题。一方面在路径选择依据的算法理论中将随机动态路网的影响充分显示出来，另一方面通过仿真模型将车辆间的相互影响、车道选择带来的行程时间差异纳入路径选择过程。通过理论计算和仿真检验两个角度进行路径选择判断，有助于路径选择的进一步优化。

为了更好地展开研究，笔者对车辆路径选择问题及行程时间可靠性问题的相关研究文献进行了梳理。

车辆路径选择问题最早是由 Dantzig 和 Ramser 两人于 1959 年发表的论文《The Truck Dispatching Problem》中提出的，用于解决如何给加油站配送汽柴油的问题。如图 1-2 所示，配送车辆从仓库出发，有三条不同的路径，到达各个目标节点，并受到时间窗、车辆容量等约束的限制，他们设立了数值规划模型及对应求解方法，以满足不同的配送要求。该文章发表于《管理科学》杂志（Management Science）。

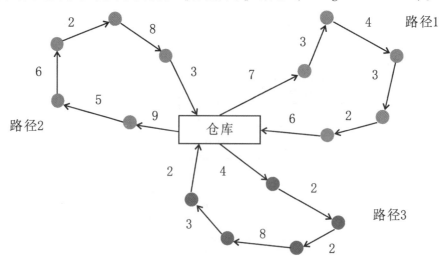

图 1-2 物流配送车辆路径选择问题示意图

第1章 综　　述

　　1964 年，Clarke 和 Wright 提出了一种新的车辆路径优化算法，该算法是在 Dantzig 和 Ramser 方法的基础上提出的一种新的启发式算法，对于车辆路径问题的求解验证有效，该文章发表于《运筹学》杂志（Operations Research）。这两篇经典的文章为以后学者进行车辆路径问题的研究奠定了基础。其后的学者们将车辆路径选择问题变成了多种假设条件、约束条件下的变种问题进行研究，提出了多达数百种的模型与算法用于求车辆路径选择问题的最优解或近似最优解。

　　车辆路径选择的一般求解步骤如下。

　　第一步将路网抽象化。应用图论理论，将具有宽度的道路抽象为线段，道路的交叉口或端点抽象为节点，这样具有真实属性的城市道路网被抽象为图论中的有向图。

　　第二步标定路段权重。路段权重要能够反映道路动态变化，对道路堵塞、行驶缓慢等情况作出反应，通过选取不同的权重，可以得到不同的算法和结果。一般常见的路段权重有三种：最短距离、最短时间和综合权重。

　　第三步求解最优路径。根据计算速度和准确性的要求，考虑实时交通信息的影响，选择对应算法进行路径选择规划求解，保证算法的实时性和稳定性。

　　第四步路径还原。通过抽象值与原路网对象的对应关系，查找相应的路段，将计算得到的最优路径还原为实际道路。

　　然而，在以往的路径规划中，对出行者与路网条件之间的交互作用缺乏微观层面的深层次分析，对于动态路网中的随机性要素考虑不足，导致在路径行程时间预测上产生误差，进而影响路径选择结果的可靠性。为了修正此误差，本书在对行程时间可靠性问题相关研究状况进行分析的基础上，深入剖析随机动态路网中的路径行程时间构成，建立行程时间预测集，建立对应路径选择算法，将行程时间可靠性作为路径选择的依据，提高路径选择的正确性。

　　为实现以上研究目标，本章对最终目标：车辆路径选择问题的研究发展状况进行了分析，分别从静态角度和动态角度剖析路径选择问题的相关研究、算法及关键应用。然后对路径选择问题的前置条件交通预测问题的研究状况进行分析，在此基础上分析出本书的关键着力点行程时间可靠性问题，并对行程时间可靠性问题的研究发展状况进行分析。

　　基于此，相关文献分析分成以下四个部分，其内在逻辑如图 1-3 所示。

　　(1) 静态路径选择问题研究综述；

　　(2) 动态路径选择问题研究综述；

　　(3) 动态交通预测问题研究综述；

(4) 行程时间可靠性问题研究综述。

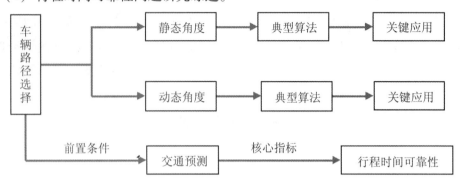

图1-3 研究综述框架图

1.2 静态路径选择问题研究综述

静态路径选择算法是基于静态路网产生的，所谓静态路网是指代表路网的图中各边的权值为定值的一种路网形态。在固定权值的静态路网中可以通过静态路径选择算法求得任意两节点之间的最短路径。

关于静态路径选择问题的典型算法是1959年提出的Dijkstra算法。此后，涌现出大量求解算法。Cherkassky等人（1996）对17种最短路径算法进行了理论分析和试验评价。静态最短路径算法按照类型分为标号设置方法、标号修改方法、基于线性的代数方法、启发式和双向启发式算法、以及基于流体神经路网的算法。这些算法固定了路网拓扑和权值，在许多应用中不一定可行，但在静态路径选择问题求解的发展过程中起到了非常重要的作用。

近年来对于静态路径选择问题的研究，国内外学者提出各种启发性算法来进行复杂网络中的路径选择计算。

将诸多算法进行归纳分析，本书发现从本质上可以将这些算法分为三类。

第一类，以最优化求解为目标的算法。如切平面法、分枝定界法、动态规划法等，此类算法均存在当问题规模较大时求解效率低的弊端，多用于初始的车辆路径选择模型构建，少见于大规模路网的车辆路径选择求解。

第二类，对目标值下降有严格要求的启发式算法。首先给出一个初始解，然后对初始解的领域进行搜索，以实现对解的不断改进过程，最终获得一个可行解，常见类型有节约算法（戴锡，2004）、扫除算法（Gillett B. and Miller L. R. 1974）、邻接算法（Defryn Christo, Sorensen Kenneth, 2017）等，对细节的要求低于最优化算法，限定了迭代方向，计算量较大。

第三类，现代的松弛型启发式算法。对目标值限制较松，目标值允许有所上升或者得到的是不可行解,跳出局部搜索的邻域,避免陷入局部陷阱,常用算法有禁忌搜索算法、模拟退火算法、遗传算法、蚁群算法等。

除此之外,近年来产生了多种融合算法。Montoya A. 等人(2016)针对清洁能源车辆续航能力约束的路径选择问题,提出用两阶段的启发式算法进行求解,第一阶段建立结合清洁能源站选择的路径优先集聚次之的路径选择集,第二阶段通过解决路径存储分区集来收集绿色路径选择问题的解决方案。Zhang D. F. 等人(2017)对物流产业中的消费品及农产品的运输在时间窗和载货能力限制下的路径选择问题进行了研究,使用禁忌算法和人工蜂群算法组成的混合算法,并生成一个全新的基准数据集以验证算法的性能。Du J. M. 等人(2017)针对危险品运输多车场车辆路径问题建立了一个模糊二层规划模型,融合四种基于模糊模拟的启发式算法,上层模型在仓库能力和客户需求的约束下将客户分配到仓库,下层模型确定每个仓库和客户群的最优路径。

综上所述,各种静态路径选择算法在特定的背景条件下都有其各自的优点及适用性,根据以上对算法的研究,对各种算法优缺点进行比较,结果见表1-1。

表1-1 各类静态路径选择算法优缺点比较

分类	优点	缺点	适用性
最优化算法	直接获得问题最优解	算法时间效率、空间效率低	规模较小路网
传统启发式算法	算法沿最优方法前进	易陷入局部最优、算法时间效率低	规模较小路网
现代启发式算法	分组进行搜索效率高	变量调整频率高,算法空间效率低	规模较大路网

静态路径选择问题的关键研究领域是物流配送,根据 Daneshzand 的描述,对物流配送中的路径选择问题的研究主要可分为以下三类。

(1)增加约束条件的 VRP:带容量约束 VRP 问题、带时间窗 VRP 问题、行驶距离受限 VRP 问题(Laporte G., Nobert Y., Desrochers M., 1985)、回程取货约束 VRP 问题(Toth P., Vigo D., 1999)、带取送 VRP 问题(Hoff A., Gribkovskaia I., Laporte G., et al, 2009);

(2)更改假设条件的 VRP:不回程 VRP 问题(Sariklis D., Powell S., 2000)、多仓库 VRP 问题(Crevier B., Cordeau J., Laporte G., 2007)、多车型 VRP 问题(Golden B., Assad A., Levy L., et al 1984)、随机需求 VRP 问题(Gendreau M., Laporte G., Seguin R., 1995)、模糊 VRP 问题(Eodorovic D., Pavkovic G., 1996)、分次送货 VRP 问题(Dror M., Trudeau P., 1989)、周期性 VRP 问题(Francis P., Smilowitz K., 2006);

（3）VRP 与其它问题混合：选址路径问题（Belenguer J. M.，Benavent E.，Prins C.，et al，2007）、装卸路径问题、库存路径问题。

1.3 动态路径选择问题研究综述

如果路网中路段的权值（行程时间、通行能力等）随时间变化，弧的权值是时间的函数，随着车辆到达路段的时刻不同，该路段的行程时间不同，这样的路网称之为动态路网。在动态路网中进行车辆路径选择与静态路网时的算法及应用领域有极大的区别。

面对动态路网，起初人们认为传统的最短路径理论和算法可以应用到动态路网中，Dreyfus 第一个用改进的 Dijkstra 算法求解动态路网最短时间路径，并认为该算法会像其在静态最短路径问题中一样有效，然而 Kaufman 和 Smith 通过实例证明 Dijkstra 算法在动态路网中是不正确的，违反了最优化原理。传统的最短路径理论在动态路网条件下不再适用。

要在动态路网中进行车辆路径选择问题的求解，必须对动态路网的特征进行深入地分析。

Teodorovic 等（1992）认为服务点的车辆到达服从均匀分布率，即路径上的出行需求是符合均匀分布的随机变量，并以此为基础构建了求解随机需求的路径选择模型；Michael 等（1995）针对机场的交通拥堵排队问题，提出关于路径选择的排队论模型；Fu 等（1998）研究了动态随机网络中的最短路径问题；Michael 等（1999）将路径选择问题的焦点放在单目的地的动态路径选择问题上，认为车辆的到达时刻是动态随机过程，且满足泊松分布，并以客户服务总时间最短作为函数优化目标；Chai 等（2017）对自适应信号控制网络中的动态交通路径问题进行了研究；Tilk 等（2017）在有界双向动态规划约束的最短路径问题求解变量加速技术的基础上，引入动态中途点来减少最短路径问题求解整体计算量。

对于动态路网特征的不同理解与应用形成了多种不同的动态路径选择算法。

1.3.1 典型算法

1.3.1.1 国外研究成果

国外对于动态路径选择算法的研究按照对动态路网认知分析的不断加深，可分为三个阶段。

1. 用静态方法进行动态路径选择问题求解阶段

20 世纪 60 年代，在动态路径选择问题提出的开始阶段，算法需要获取的关键信息停留在静态信息层面。

第1章 综　述

Cooke 等于 1966 年研究了基于路网特征分析的动态规划问题，对动态路径选择问题研究进行了初步探索，用动态行程时间来衡量节点间的出行费用，并建立最短路目标函数，但限制了时间自变量的取值范围，只能取离散的整数值，不能进行连续函数的分析，其目标函数为式（1-1），对该式进行 $N-1$ 次迭代后即可求得最优解，即

$$\left.\begin{aligned} f_i(t) &= \min_{j \neq i} \{ g_{ij}(t) + f_j[t + g_{ij}(t)] \},\ i,j = 1,2,\cdots,N-1 \\ f_N(t) &= 0 \end{aligned}\right\} \quad (1-1)$$

式中　$g_{ij}(t)$——t 时刻从节点 i 出发到达节点 j 的出行费用；

　　　$f_i(t)$——在 t 时刻从节点 i 出发到达终点的最优出行费用。

Dreyfus（1969）对 Cooke 等人的研究方法进行了分析，认为该问题也可用 Dijkstra 算法进行求解，并且当把时间 t 的限制放松到连续时间值（非离散值）时仍然可以使用 Dijkstra 算法进行动态路径规划求解。

其后研究表明，以上两种方法都没有考虑到车辆在路径上行驶过程中车辆出发、到达的先后顺序差异。在静态网络中，不考虑车辆的具体驾驶行为带来的差异，而在动态网络中，车辆具体驾驶行为带来的差异会严重影响车辆的行程时间，进行出行费用计算时，必须首先确定车辆行为准则。

Chabini（2003）通过研究发现，设定车辆在路径上的驾驶行为满足先进先出准则（First In First Out，简称 FIFO）时，使用 Dijkstra 算法可以对动态路径规划问题进行求解，且不会增加问题求解的复杂程度。当车辆在路径上的驾驶行为不满足 FIFO 时，即允许出现先进后出的车辆状态时，使用 Dijkstra 算法对动态路径规划问题求解会导致计算结果出现较大偏差。

Stentz（2002）在静态最短路 A* 算法的基础上，提出增加利用历史信息来提高算法搜索效率的动态 A* 算法。增加的历史信息有助于进一步降低算法搜索空间的范围，应用于动态路径规划问题也同样有效，但当路径距离较长时，由于构成路径的路段数量加大，增加的历史信息量会呈级数增长，导致算法运行效率降低，对最短路的形成造成阻碍。

2. 用瞬时动态信息求解动态路径选择问题阶段

进入 20 世纪 80 年代，对于动态路径选择问题的研究在方法上有了转变，从只能使用静态信息转变为初步使用瞬时动态信息来求解。

Abram 等人（1982）针对动态路网，在车辆行驶过程中截取某一时刻 t 的路网状态参数，进行路径出行费用的计算，忽略了连续流状态的路网参数变化。使用该方法需要保证路网的运行状态稳定，若某一时刻的交通信息可代表该时段的交通信

息,算法模型求解结果较可靠。俞峰(2009)通过研究发现,该方法要求的动态路网在研究时段内保持某一相对稳定的交通运行状态的要求在很多时候很难实现,当实际的交通运行状态发生改变时,需要相应的修改单一时刻交通状态参数,会导致模型计算量急剧增大,在算法时间、空间效率上严重下降。

3. 用过程动态信息求解动态路径选择问题阶段

随机动态路径选择问题的研究最早在1986年由Hall正式提出,其后Miller等发表了多篇文章揭示随机动态路径选择问题的具体实现过程。

到20世纪90年代以后,随着计算机运行速度的迅速提升,用于动态路径选择的信息处理技术提升到过程动态信息水平。

Orda等人(1991)对完全状态的动态路径问题进行了研究,将车辆在路段上的行程时间、在交叉口的等待时间全部纳入考虑范围,分别建立了动态边权值和动态节点权值的概念,所谓动态边权值$W_{ij}(t)$指车辆在t时刻进入边(i,j)后的出行费用,动态节点权值$\rho_i(\tau,t)$指车辆在t时刻到达节点i、尚未进入边(i,j)所耗费的等待出行费用,用$t-\tau$表示。假定车辆在t_s时刻从节点c_s出发,需要从节点c_s到达节点c_r,其可能的路径为

$$P(c_s,c_r,t_s) = [(c_0,\tau_0,t_0),(c_1,\tau_1,t_1),\cdots,(c_m,\tau_m,t_m)] \quad (1-2)$$

其中,$c_0 = c_s$,$c_m = c_r$,$\tau_0 = t_s$。

选取最优路径的优化目标为权值$W(P)$最小的路径,用式(1-3)表示为

$$P^* = \arg\min W(P)$$
$$= \arg\min_P \{\sum_{i=0}^{m-1}[p_i(\tau_i,t_i) + w_{i,i+1}(t_i)] + p_m(\tau_m,y_m)\} \quad (1-3)$$

Ziliaskopoulos等人(1996)也对交叉口延迟对动态路径选择带来的影响进行了多角度的研究,对动态路径选择算法的改进做出了贡献;Tilk C.等人(2017)在有界双向动态规划约束的最短路径问题求解变量加速技术的基础上,利用前向和后向标签扩展的不对称性,引入动态中途点来减少最短路径问题求解整体计算量,并证明动态中途点能更好地平衡前后向标记,降低整体运行时间。

1.3.1.2 国内研究成果

国内对于动态路径选择问题的研究始于21世纪初,同样经历了将静态最短路算法与动态最短路算法相分离的过程,谭国真等人(2002)证明了动态路网中进行最短路求解不能用传统的静态最短路径算法,否则会导致所选路径的不准确,并对动态最短路算法的实现进行了论证;林澜等人(2007)对进行动态路径规划获得最优解的充要条件进行了论证分析,得到相应的条件集,从而证明该问题的NP-hard

特性；吴成东等人（2006）使用组合算法进行动态最短路求解，用遗传算法和神经网络算法两种现代启发式算法分别求解后进行综合考虑；杨易等人（2007）用根据病毒传播的原理，将动态最短路的求解过程看作类似病毒传播的方式，引入约束条件，形成新的动态最短路算法；张安英等人（2014）建立了动态路阻下的出行时间预测和路径选择模型，将路径选择范围从最优路径扩大到随机路径；任小聪等人（2016）建立了基于事故信息的车辆路径选择模型；苏贞旅等人（2017）构建了基于出发时刻的带有时间窗的动态最短路模型。

查阅文献发现，对于动态最短路的研究，试图用静态最短路的算法进行简化求解的思路一直存在，很多研究，如苏永云（2000）、张国强（2002）、颜波（2003）、付梦印（2004）、孙海鹏（2007）、高立兵（2012）等人从多个层面、多个角度试图找到可以在动态路网条件下进行最短路求解的静态最短路变种算法，这些尝试虽然在某些特定环境下适用，但忽略了随机动态特性的静态最短路算法不能从根本上解决动态最短路求解问题。

随着研究的深入，动态的路网信息对于最短路选择的影响逐步被挖掘，自然气候改变、遭遇交通高峰时段、区域发生交通事故等事件的发生对动态最短路选择的影响机理不断得到解析，按照对出行费用的估计方法不同，已有动态最短路算法可以大致分为以下两类：

（1）用于具有平稳运行状态的动态交通网络中，用某一时刻的交通运行状态参数替代后续稳定交通状况的断面分析法，该方法是一种较为理想化的算法，较多的用于前期预测，对实时状况的预测不够理想；

（2）通过对大量历史数据的统计分析形成出行费用预测模型，在最短路选择中将该预测值的影响考虑在内。这类方法较前一类有所改进，但仍然对实时状况的考虑不足。

可以发现，无论何种动态车辆路径选择算法都与动态交通预测紧密联系，准确的交通预测能够为动态最短路径选择提供直接的选择依据，因此有必要对动态交通预测的研究状况进行分析。

1.3.2 关键研究领域

动态路径选择问题研究的关键领域是车辆导航系统（Vehicle Navigation System，简记为VNS），也有人称之为车辆路径诱导系统（Vehicle Route Guidance System，简记为VRGS），是指综合了卫星定位系统、电子地图、控制中心、终端和现代通信网络于一体的，用于车辆导航的集成系统。它能够将实时车辆位置信息、实时交通运行状况、车辆目标位置、车辆避让及诱导信息等内容进行综合处理，为用户提供能够满足其出行需要的路径诱导方案,引导车辆快速、安全到达目的地的一套完整系统。车辆导航系统按照出行者选定的目标提供最优路径信息,同时对交通流在整个网络上的合理分配产生积极的影响。

车辆导航系统的分类按诱导设施的不同可以分为车外路径诱导系统和车载路径诱导系统,见表 1-2。

表 1-2 车辆导航系统分类 – 诱导设施差异

序号	分 类	系统功能
1	车外路径诱导系统	包括可变信息板及各种交通指示标志构成的车辆诱导系统。相对固定,且诱导的强制性较高
2	车载路径诱导系统	终端为车内的车载导航仪或带导航功能的手机,向驾驶员提供实时定位、实时交通运行信息及备路径方案,并预测各备选路径的行程时间,便于驾驶员据此决定自己的行驶路径

按导航系统信息处理逻辑的不同模式分为中心式车辆导航系统和分布式车辆导航系统,见表 1-3。

表 1-3 车辆导航系统分类 – 信息处理逻辑差异

序号	分 类	系统功能
1	中心式车辆导航系统	所有的导航系统的交通运行状况、车辆目的地匹配、导航方案的生成都是由交通信息中心的核心机完成,终端只负责接收生成的导航信息
2	分布式车辆导航系统	车辆目的地匹配、导航方案的生成由具有数据信息处理能力的车载终端来完成,交通信息中心只负责提供路网的交通运行状况信息给终端

完善的车辆导航系统能够提供动态的车辆路径选择方案。

1.4 动态交通预测问题研究综述

很明显,动态车辆路径选择问题的研究越来越被重视,而进行动态车辆路径选择的前提是需要对交通运行状况进行动态预测。

根据采集的历史交通运行数据,制定一定的统计分析规则,预测未来的交通运行状况,就是一个标准的动态交通预测过程。通过动态交通预测能够在一定程度上将未来的交通运行状况反映出来,便于车辆选择路径时进行路网权值确定。

动态交通预测的方法由来已久,常用模型大致可以分为四类。

1.4.1 时间序列模型

时间序列模型是交通预测中最常用的一类预测模型。该类模型使用曲线拟合参数估计法进行预测,对于交通预测十分有效。时间序列模型体系有很多具体的模型,其特征见表1-4。

表1-4 关于交通预测的时间序列模型

序号	分类	模型特征	应用范例
1	自回归积分滑动平均模型ARIMA	要求历史数据平稳,且完整,否则精度下降明显	Ben-Akiva等人(1993)将其应用在高速公路的交通流量预测中。 Hamed等人(1995)将其应用在城市干路的交通流量预测,模型的空间效率较高。 薛可等人(2004)使用ARIMA模型进行网络流量预测,在步数小于3时预测误差较小
2	考虑周期性的时间序列模型	将历史数据分段设置考察周期,降低了非平稳数据的干扰程度	Williams等人(2003)以周为考察周期,对历史数据进行分布,提高模型预测精度。 童明荣等人(2008)设置了以季度为考察周期的历史交通数据分组方法。 李士宁等人(2006)构建了关于季节性的基于分数自回归求和滑动平均模型的网络流量预测方法
3	多元时间序列模型	同时考察多个变量的时间序列模型,提高算法可靠性	Stathopoulos等人(2003)对多元时间序列模型预测精度于单变量模型预测精度进行对比分析,多元时间序列分析更有效。 Ghosh等人(2009)同时将历史数据的周期性、趋势性和季节性进行变量分析,提高了模型的精度
4	非线性时间模型	将误差项纳入时间序列模型	Min等人(2011)在短时交通预测中考虑时空特性的影响,并将其作为误差项纳入模型中,验算效果较好
5	卡尔曼滤波模型	将非稳态数据进行过滤	Okutani等人(1984)将卡尔曼滤波模型引入交通流量预测中 聂佩林(2008)将约束条件和卡尔曼滤波同时作用与进行交通流预测过程,提高了模型的预测精度。
6	指数平滑模型	将历史数据进行指数加权处理后数据较平滑	Hyndman等人(2008)以及Taylor(2010)总结分析了指数平滑模型对交通预测的影响,认为指数平滑后的数据用于交通预测更稳定

1.4.2 统计模型

统计模型是交通预测中的常用的基本模型,其特征见表 1-5。

表 1-5 关于交通预测的统计模型

序号	分类	模型特征	应用范例
1	历史平均模型	方法简单,预测精度较差	陆海亭等人(2009)在短时交通流预测方法研究进展中对历史平均模型进行了范例分析,使用该算法对真实的交通状况的反映程度较差
2	贝叶斯网络模型	对于路网信息不完整的情况特别有效	Sun 等人(2006)将路网转化为贝叶斯网络,用混合高斯模型进行交通流预测 Tebaldi 等人(2002)将路网转化为贝叶斯网络,用三次样条平滑的二元回归进行交通流预测

1.4.3 机器学习模型

使用机器学习方法进行交通预测的模型主要有支持向量机模型和人工神经网络模型。

人工神经网络模型应用于交通预测具有天然的适用性,路网中的节点对应于神经网路的节点,路网中的边的赋值对应于神经网络的权值,求最短路径的过程就是神经网络的某种输出过程。这是基于生物行为特征的一种自学习培训方法,该模型有各种形式的改进模型,参见 Vlahogianni(2005)、Reuter(2010)、etiner(2010)等人的相关研究。

用支持向量机模型进行动态交通预测可以降低交通系统中的结构性风险,将经验风险和置信范围缩小,提供预测的精度,相关研究见 Xie Yuanchang 等人(2010)进行的多次研究。

1.4.4 非参数回归模型

当历史交通信息库较为完善时,可以考虑使用非参数回归预测模型,该模型只需将当前交通运行状况参数与信息库数据比对,找到相似值后,用信息库中该相似点之后的数据作为本次预测数据,逻辑清晰、算法简单。

该模型区别于其他模型的明显特征是,对于特殊状况的处理问题。其他模型希望尽量减少特殊状况,对于很多以某一时刻状态代替全局状况的模型而言,一旦出现特殊状况对稳定的运行状况影响很大,模型不再适用,而非参数回归预测模型在特殊状况发生时的相似样本最多,预测的准确度也就越高。

城市交通系统有很多客观的不确定性因素,是不确定性很强的系统,不确定性给出行带来很多不利的影响。在城市交通网络系统中,不确定性主要表现在以下三方面：

（1）受到气候、环境、事故等因素的影响，道路通行能力随机变化。

（2）受到驾驶员路径选择、驾驶行为、出行意愿等因素的影响，道路交通量随机变动。

（3）在道路通行能力和交通量的随机变动影响下，道路行驶时间具有不确定性。

因此，由于交通系统的交通供给、交通需求两方面随机动态的共同影响，城市交通系统是一个随机动态交通系统网络。

交通供给具有随机性。道路通行能力及交通设施受到气候变化、突发事故、恶意破坏、维护保养、通信故障等因素的影响，会产生通行能力的随机波动。这种随机性变化主要体现在路段、交叉口的通行能力下降方面。

交通需求具有随机性。交通需求量与出行者的个人特征密切相关，不同的出行习惯决定了各种交通出行方式的承载量、出行高峰时刻的波动。当出行者受到环境、经济及心态的影响，会改变其出行方式、出行频率等，最终导致交通需求的随机波动。

在交通系统中，行程时间是衡量交通系统效率的核心指标，也是进行动态交通预测的主要指标。在考虑交通系统的随机动态特征条件下，进行动态交通预测，必须在行程时间预测的基础上，对行程时间可靠性问题进行考虑，所得到的动态交通预测结果才更有效。

1.5 行程时间可靠性问题研究综述

行程时间可靠性是道路交通系统可靠性关键评价指标之一。

道路交通系统可靠性研究始于20世纪80年代，初始时可靠性研究主要应用于日常规划和抗灾规划中，其后随着智能交通系统的发展，对可靠性的应用越来越深入。按照可靠性研究关注的焦点不同，可以划分为三大类型：行程时间可靠性、连通可靠性和路网通行能力可靠性，其中连通可靠性的研究是道路交通系统可靠性研究的基础理论，在此基础上延伸出了行程时间可靠性和路网通行能力可靠性研究。

城市交通网络由于存在高密度区域、高峰时段及潮汐活动等现象造成道路资源与出行需求之间的供需不平衡，容易产生城市交通拥堵、交通事故等问题，是一个复杂的不稳定的随机系统。使用行程时间可靠性作为对城市交通网络衡量的标准，有利于出行者从随机变化的交通状态中找到其运行的规律，合理规划自身出行，逐渐成为道路交通系统可靠性研究的核心。对于行程时间可靠性的研究基本可划分为明显的两个阶段：①初始模型阶段：1995年之前的研究主要是基于道路通断的二元状态；②实用模型阶段：1995之后的研究考虑了道路受损运行状态。

1.5.1 行程时间可靠性的起源

关于行程时间可靠性的研究，Asakura及其团队在此领域做出了具有开创性且持续的贡献。

最早在1991年Asakura等人第一次提出了行程时间可靠性的概念，他们把车辆在规定时间内完成从起点到终点出行行为的概率称为行程时间可靠性，并假设车辆在路段上的行程时间符合正态分布。这一概念的提出为行程时间可靠性的研究奠定了基础，具有开创性的价值意义，但同时该定义存在不足之处：首先行程时间可靠性的主体不明确，没有界定出路段、路径、路网及车辆在这一定义中的定位，没有明确是从车辆角度考虑行程时间可靠性合适还是从道路角度考虑行程时间可靠性更合适的问题；其次路段行程时间正态分布的假设没有合理的依据，其后的研究证明了该假设的不全面性。

随后，1996年Asakura又提出了路网由于受到自然灾害破坏，导致通行能力下降的行程时间可靠性评价方法。自然灾害给出行者出行带来不便，进而改变交通状态和行为方式，Asakura将行程时间可靠性定义为阻塞状态行程时间与畅通状态行程时间之比的函数，并基于随机需求的UE分配模型，设计了近似算法来求解任意OD对之间的行程时间可靠性，并在小型路网中验证了模型和方法的有效性。在该研究中，将交通系统的交通供给与交通需求的变化纳入行程时间可靠性研究，是一种极大的进步，但研究考虑的变化停留在了静态变化结果层面，没有考虑连续动态变化情况下的行程时间可靠性问题。

在Asakura之后，学界对行程时间可靠性的研究呈现出了极大的热情，Bell等人（1999）利用行程时间变动和最小行程时间的灵敏度分析来研究供应和需求随机变化的行程时间可靠性问题，其中对于交通流的变化认为服从逻辑分布，使用LOGIT模型来进行平衡分配交通流，然后采用敏感性分析、差分法来求解行程时间可靠性。Lam等人（1999）进行了关于网络可靠性的交通流模拟分配问题，及对使用交通流模拟分配进行网络可靠性标定问题的研究，利用道路检测器收集车辆的行程时间，基于蒙特卡洛算法，认为用户均衡模型服从正态分布，建立了交通流模拟器模型来求解路网的行程时间可靠性。Chen等人（2000）研究了风险偏好对行程时间可靠性的影响问题，通过论证得到风险偏好对出行者行为的影响，从而带来行程时间及行程时间可靠性的变化。

可以发现，以上研究中对于车辆行程时间的分布律有较大的争议，在不同研究中提出了多种不同的假设。在早期众多研究中，假定行程时间概率分布函数为正态分布。Emam 等人（2006）利用 Orlando 的某高速公路的线圈检测器检测到的车辆数、车速等数据估计了行程时间可靠性，并以 Wribull、Exponential、对数正态以及正态分布做了优度拟合，结果发现，对数正态分布最适合可靠性估计；VanLint 等人（2005）获得行程时间在一天、一周中的分布，研究发现假设行程时间分布为正态分布，利用均值和方差估计可靠性难以描述细节性的信息，特别是动态变化规律，研究指出应该增加行程时间概率分布的宽度和倾斜度指标。在此基础上，Bogers 等人（2008）通过开展大规模的 SP/RP 调查获得不同个人的可接受行程时间分布，该研究表明分布的斜度对出行行为具有非常显著的影响作用。Rakha 等人（2006）利用 SanAntonio 的自动车辆识别（AVI）数据进行了行程时间的优度检验，结果表明，从实用角度来看，正态分布的精度尚可接受，但是对数正态分布的精度却更高。诸多的分布假设反映出此阶段行程时间可靠性算法尚未形成可涵盖所有情况的规范模式。

1.5.2 行程时间可靠性研究发展状况

由于导航软件的普及，出行者对于行程时间预测的精度及行程时间可靠性的需求被极大地调动起来，各种对于行程时间可靠性的研究不断出现，已有的文献主要可以划分为下述两大类。

1. 行程时间可靠性理论研究

理论研究也可以分为两个方向：

（1）基于传统均衡模型的研究。出行者出行过程中，根据历史经验和当时路网状态的波动信息，预测未来变化，进而调整自己的出行行为，最终形成出行者总体的集计效果，使得交通网络系统达到均衡状态。这种均衡状态的实现与衡量的标准有关，以用户满意为取向的均衡称为用户均衡模型，以系统最优为取向的均衡称为系统均衡，另外还有多种均衡模型。行程时间可靠性的研究建立在均衡模型的基础上，若均衡模型中的出行者行为无差异则建立同质模型（Yin Y., Lam W. H. K., Ieda H., 2004），若出行者行为不同则建立不同质模型（Asakura Y., 1999）。这类研究是由 Asakura、Bell、Herman R.、Inouye、Clark、Iida、Sheffi 和 Li 等人提出的基于 LOGIT 或者 Probit 的随机用户均衡分配模型的行程时间可靠性估计模型。此类模型的共性思路是假定路段、路径的行程时间符合逻辑分布或正态分布，路段之间的交通状态是不相关的，利用蒙特卡洛仿真方法，反复进行随机用户最优交通分配，获得路网上所有路径的行程时间均值与方差，进而计算路网可靠性。

Chen 等人认为应将路网的波动性纳入动态交通分配中，考虑出行者对行程时间的感知误差和行程时间的随机波动性，结合出行者对风险偏好，提出了随机网络精确感知和随机网络随机感知两种均衡模型，以及对应的行程时间可靠性模型，通过对比两种模型分析不同均衡模型对行程时间可靠性的影响。Liu（2002）根据 Chen 的分类按照行程时间的概率测度和感知程度提出了随机网络随机感知的可靠性模型并进行了相关解析。Shao 等人（2006）在行程时间的计算中考虑了感知误差和风险偏好的影响，并在此基础上构建基于随机用户均衡的可靠性模型，当行程时间能够被准确的感知时，该模型退化成用户均衡的可靠性模型。Lo 等人（2003）提出概率用户均衡的概念，对退化网络的容量分析与设计进行了研究。Lo 等人（2006）进一步分析了不同风险偏好者对于可靠性的需求差异。WANG Jing（2011）考虑到低能见度和低摩擦系数降雨环境不利的条件下，自由降雨的空间分布格局分析的基础上，建立流动速度，容量和需求的模型，定义广义路段行程时间函数；Taylor M. A. P.（2017）观测到行程时间可靠性已经成为交通项目经济分析的一个独立要素，对福斯格劳的行程时间可靠性比例及布尔分布进行了研究。我国其他学者也进行了许多类似的相关研究。

这一模式的文献根据随着用户最优均衡分配公式和串并联理论，评估的行程时间可靠性。

（2）系统工程角度的可靠性估计理论研究。此类研究是借助可靠性工程中的串并联系统的可靠性估计理论开展的。侯立文等人（2002）研究了行程时间可靠性的仿真方法，但该方法不能考虑出行的路径选择，且估计行程时间无法考虑交通流的变化；Al-Deek 等人（2006）根据决策树方法给出了路段不相关的路网行程时间可靠性的计算方法，该方法需要找出所有状态发生的概率及其相互影响机理，在实际的大规模网络中是难以应用的；Knoop 等人（2007）研究了路网的路段受到堵塞后的影响结果，在路段受阻后排队溢出/不溢出情况下，依照路径固定或自适应选择路径方法，分别研究了路网的鲁棒性、路段薄弱性；Ng M. W. 等人（2011）研究了随机要素的概率分布在自由分布状态下，当行程时间处于有界区间内时，使用半解析快速概率不等式来获得期望概率的上界的方法来进行行程时间可靠性评估；Wakabayashi H. 等人（2012）对行程时间可靠性指标进行了研究，运用多层次随机模型对需求及供给不确定情况下的行程时间波动进行估计，采用时空转换模型对检测器数据进行分析，提出全新的出行者及管理者的行程时间相关指标并进行了深入分析；Wang J. Y. T. 等人（2014）认为行程时间、行程时间可靠性和货币成本是影响车辆路径选择最重要的标准，基于此建立了基于路网行程时间可靠性的双目标用户均衡模型；Jane C. C. 等人（2016）对将行程时间可靠性作为路网服务质量尺度进行了研究，提出了基于 Dijkstra 最短路径法计算路网表现指标的有效分解方法。

裴玉龙等人（2005）刻意忽视公路网的路网约束条件下对公路行程时间可靠性进行了分析；刘海旭（2005）提出了基于净经济效益的可靠性概念，以此来评价弹性需求条件下随机路网的可靠性。其中，净经济效益定义为总的用户效益和社会总成本之差，净经济效益满足给定水平的概率即为交通网络的可靠性，建立了相应的评价模型，利用蒙特卡洛仿真法和解析法求解，并用实例验证模型的价值，该模型强调效益和成本，适用弹性非弹性需求；马寿峰等人（2010）提出了基于风险的交通网络可靠性概念，利用实时数据和高斯核估计方法，得到路段的行程时间分布函数，进而求得路段基于风险的交通网络可靠性，并将该理论推广到路径和路网；冷军强等人（2010）将行程时间的期望和均方差作为出行费用，其最小化过程满足随机用户均衡分配原则，按照出行者行程时间小和行程时间波动小的双重目标路径选择行为，建立相应的交通网络行程时间可靠性模型；陈富坚等人（2011）分析了路网可靠性构建的问题，引入贝叶斯网络建立了耦合贝叶斯网络 NTS 可靠性模型，从宏观角度研究了行程时间可靠性；Yao B. Z. 等人（2014）研究了基于行程时间可靠性的交通网络设计问题，建立了一个考虑随机出行时间的鲁棒优化模型进行交通优化来满足出行者的需求，并提供可靠的交通服务，使用禁忌搜索算法实现对模型的求解；何娇娇等人（2016）对概率型和方差型时间可靠性进行了对比分析，给出两者间换算的条件；Chen B. Y. 等人（2017）对行程时间不确定性条件下关于位置可达性的度量问题进行了研究，通过建立可靠的时空服务区模型，提出了用四种基于位置的可达性评价尺度来评价结合行程时间可靠性影响的城市服务可达性。

基于这一模式的文献，直接借助于可靠性工程中的串并联系统的可靠性估计理论对路网的可靠性进行评价。此类方法的缺陷较为明显：忽略路径选择因素，缺乏考虑交通流的动态变化。

2. 行程时间可靠性应用研究

调查和研究表明，行程时间及其波动是出行者选择出行方式的重要考虑因素，Abdel - Aty 等人（1995）发现行程时间可靠性是路径选择中最重要的因素之一，绝大多数受访者认为其路径选择的首要因素是行程时间可靠性。

Xiong 等人（2004）发现路段通行能力下降将会使路网行程时间可靠性估计值

偏小；William（2005）指出行程时间的随机变动是影响配送车辆安排的重要因素，特别是对于要求货物准时到达货物，考虑了行程时间的变化对配送车辆的影响，建立了基于行程时间可靠性的配送车辆安排问题，结果表明配送时间的准确性提高会带来相应成本的增加；Lyman 等人（2008）针对在交通规划中存在的静态、确定型的指标不能反映全面描述堵塞状况的缺陷，针对全美 20 多个地区的交通规划进行了多类别的行程时间可靠性分析，得到反映不同层次可靠性的指标；deJong G. C. 等人（2015）从成本受益的角度做了关于道路交通时间可靠性评价的探讨。

唐连生（2008）分析了配送车辆安排过程中以行程时间可靠度为目标的必要性，在传统的车辆路径规划模型基础上，考虑到路网交通流量随机变动，利用交通出行中的行程时间可靠性理论，建立了基于行程时间可靠度的配送车辆优化模型，以此来提高车辆配送的准时性和服务水平；李蜜等人（2011）针对交通网络局部拥堵时，交叉口交通流的动态变化和道路的差异性使得出行者选择最优路径困难性增加，引入修正的 BPR 函数 Davidson 修正模型及公路道路服务水平的概念，建立了交通拥堵下基于可靠度的交通网络的静态分配模型，为缓解城市交通拥堵提供参考；杨庆芳等人（2016）利用时空贝叶斯模型将行程时间可靠性预测误差降低了 20% 以上。

通过以上研究分析可以看出，行程时间可靠性能够从整体层面反映出出行者的出行特征，比单纯的行程时间指标更为全面、可靠。

1.6 本章小结

为了建立随机动态路网条件下的车辆路径选择模型，本章对车辆路径选择、动态交通预测及行程时间可靠性的国内外相关研究进行了全面细致的梳理。

研究发现，车辆路径选择问题根据设定的路网条件分为静态路径选择与动态路径选择两大类型，两者的研究方向及解决算法具有不同的发展方向。

对于动态环境下的车辆路径选择问题，现有的研究虽然已经做出了很多尝试，但在计算随机动态网络中的行程时间时存在三个主要问题：①常用某一时刻的车辆排队长度替代整个排队过程的排队长度，忽视了排队长度的动态变化情况；②用自由流状态车辆行驶速度替代车辆实时行驶速度，忽视了不同道路条件及实时道路服务水平对车辆速度的影响；③设定车辆在交叉口只等待一个信号周期，忽视了由于车辆不同时刻到达排队路段可能经历的不同等待时长的实际情况。容易导致行程时间预测出现偏差。

针对以上不足，对随机动态行程时间及其可靠性的相关研究进行深入分析，基于集散波理论将路口延误由固定值转变为随着车辆位置与排队队尾的不同位置关系给出一组动态的行程时间预测值集，将车辆排队长度随时间产生的变化情况、实时道路服务水平对车流速度的影响、以及多重红灯相位的叠加影响这些重要因素引起的车流行程时间波动反映出来，形成一种有效的随机动态交通条件下的路段行程时间预测方法。具体的随机动态道路行程时间预测模型见第三章。

第 2 章 随机动态路段行程时间可靠性研究

本章将提出研究的核心基础理论：根据集散波原理结合信号转换时点车辆位置与排队队尾逻辑关系建立随机动态行程时间模型，并以此为基础建立相应的随机动态行程时间可靠性模型，最后通过案例验证模型的有效性。

2.1 期望行程时间计算理论

作为行程时间可靠性理论的理论基础，行程时间的研究必须得到充分的重视。期望行程时间是一种具有重要理论意义的行程时间。

期望行程时间的计算方法有很多，使用最广的经典模型是考虑了道路载荷能力对车流影响的美国联邦公路局（BPR）函数模型为

$$T_\varphi = T_0 \left[1 + \beta \left(\frac{v_a}{C_a}\right)^n\right] \tag{2-1}$$

式中　T_φ——路段 a 的行程时间，单位 s；

T_0——路段 a 上自由流时的行程时间，单位 s；

v_a——路段 a 的交通流量，单位 pcu/h；

C_a——路段 a 的通行能力，单位 pcu/h；

β，n——参数，在国外公路网应用中，其推荐值为 $\beta = 0.15$，$n = 4$。

其中，自由流行程时间 T_0 指在连续流交通设施的理性条件下的道路行程时间。

但经过实践发现，由于该模型缺乏对交叉口的影响分析，而导致所得行程时间往往偏小；需同时标定 β，n，T_0 和 C_a 4 个参数，准确标定较为复杂。

鉴于 BPR 函数的以上缺陷，很多学者对该模型进行了修正。这里使用 Davidson 函数来计算期望行程时间。

设定期望行程时间是道路在某一服务水平下期望的行程时间，服务水平为定值，一般由 v/c 表示。但是服务水平是区间概念，所以有 v/c 的上下界，而 c 是固定的，所以就有了对应某一服务水平的 $v_{\max}$ 和 $v_{\min}$，对于某一确定的路段，确定服务水平下的期望行程时间是确定的，这个行程时间是一个区间 $[T_{\varphi\max}$ 和 $T_{\varphi\min}]$，在路径分配时考虑的是最坏情况，因此取耗时大的情况的 $T_{\varphi\max}$ 和 $v_{\min}$ 作为期望行程时间 T_φ，则有

$$T_{\varphi}=T_{0}\left[1+J\left(\frac{v}{c-v}\right)\right]=T_{0}\left[1+J\left(\frac{v/c}{c/c-v/c}\right)\right]=T_{0}\left[1+J\left(\frac{\alpha}{1-\alpha}\right)\right] \quad (2-2)$$

式中：T_0——自由流行程时间；

　　　α——服务水平；

　　　v——路段流量；

　　　c——路段通行能力；

　　　J——服务水平参数。与道路类型、道路宽度、交通信号配时等因素有关。对于快速干道，$J \in [0, 0.2]$；城市干道，$J \in [0.4, 0.6]$；对于集散道路，$J \in [1.0, 1.5]$。

2.2 基于集散波理论的路段行程时间模型

2.2.1 行驶过程集散波理论

城市交通网络中，车辆在道路上行驶由于受到信号控制的影响，不断经历静止和运动两种重复的过程。交通流的如此变动过程与呈波浪式的液体流动过程十分相似。于是1955年莱特希尔和惠特汉引入了用液体的集散波来形容车流运动过程：

（1）红灯时车辆由运动到静止的过程称为集结波或停车波，类比液体流的集聚过程，一般发生在交叉口等红灯、进入道路瓶颈等区域；

（2）绿灯时车辆由静止到运动的过程称为疏散波或发车波，类比液体流的发散过程，一般发生在交叉口绿灯放行、驶出道路瓶颈等区域。

这种集结波和疏散波总称为集散波，用于分析集散波传播规律的理论称为集散波理论。

（1）集结波中车流密度由低到高。正常行驶时车流密度较低，遇到本车组红灯的车流在红灯前的某一断面开始降低车流速度，最终在停车线前形成车速为零的高密度车流；

（2）疏散波中车流密度由高到低。停车线前的车流密度高，车速为零，当信号转变为本车组绿灯时车流由停车线启动，在停车线后车流密度不断下降，车速上升。

（3）一个集结波与一个疏散波合成一个完整的集散波过程，在此过程中，车流速度经历由快到慢再到快、车流密度由低到高再到低的三阶段过程，同时产生两个分界面，一个位于停车排队队尾，一个位于停车线。

现在用图2-1表示集散波形成过程。图中，B为中间的分界面位置，左侧行驶段AB路段的车流密度为k_1，车流速度为v_1；右侧排队段BC路段的车流密度为k_2，车流速度为v_2；两侧不同的车流速度、车流密度大小关系决定了该图是集结波

还是疏散波。另外分界面 B 处集散波波速 w 可表示为

$$w = \frac{q_2 - q_1}{k_2 - k_1} = \frac{k_2 v_2 - k_1 v_1}{k_2 - k_1} \qquad (2-3)$$

当 $k_2 > k_1$，$q_2 < q_1$ 时，$w < 0$；出现排队现象；

当 $k_2 < k_1$，$q_2 > q_1$ 时，$w < 0$；出现排队消散现象；

当 $k_2 > k_1$，$q_2 > q_1$ 时，$w > 0$；此情况很少出现。

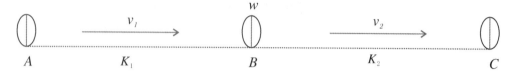

图 2-1 集散波形成过程

根据线性速度-密度关系方程，有

$$v_i = v_f (1 - k_i / k_f)$$

并设

$$\eta_i = k_i / k_j \quad (i = 1, 2, \cdots, n)$$

可得

$$v_1 = v_f (1 - \eta_1), \quad v_2 = v_f (1 - \eta_2) \qquad (2-4)$$

式中，v_f 为自由流行程速度；k_f 为自由流车流密度；η_1、η_2 为 B 点两侧的标准化密度。将式（2-4）带入式（2-3）可得集散波波速为

$$w = \frac{k_2 v_2 - k_1 v_1}{k_2 - k_1} = \frac{k_2 v_f (1 - \eta_2) - k_1 v_f (1 - \eta_1)}{k_2 - k_1} = v_f \left(1 - \frac{k_2 \eta_2 - k_1 \eta_1}{k_2 - k_1}\right) =$$

$$v_f \left(1 - \frac{k_i \eta_2^2 - k_i \eta_1^2}{k_i \eta_2 - k_i \eta_1}\right) = v_f [1 - (\eta_1 + \eta_2)] \qquad (2-5)$$

现在对集散波中集结波和疏散波分别进行分析。

1. 集结波

如图 2-2 所示，C 处为停车线，此时红灯。为了便于描述，引入标准化车流密度 η，定义当车流完全停滞时标准化密度 $\eta = 1$。此时 BC 段停滞，故其标准化密度 $\eta_2 = 1$，代入式（2-5），可得此时的停车波波速为

$$w_{\text{stop}} = v_f [1 - (\eta_1 + 1)] = -v_f \eta_1 \qquad (2-6)$$

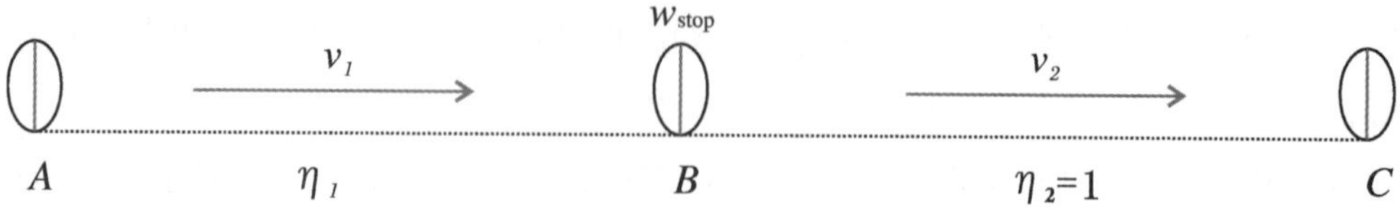

图 2-2 集结波

2. 疏散波

如图 2-3 所示，B 处为停车线，此时绿灯。此时 AB 段停滞，故其标准化密度 $\eta_1 = 1$，代入式（2-5），可得此时的发车波波速为

$$w_{\text{start}} = v_{\text{f}}[1 - (\eta_2 + 1)] = -v_{\text{f}}\eta_2 = v_2 - v_{\text{f}} \tag{2-7}$$

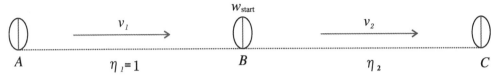

图 2-3　疏散波

2.2.2 路段行程时间集散波分解模型

根据集散波理论，AC 段的车辆行驶状态以集结波的分界面 B 为关键点，AB 段车辆以某一稳定的车速运行，BC 段车流先减速至静止，等待一段时间后加速离开。

在此过程中，AB 段的车流速度是在自由流速度基础上增加路段服务水平约束后的行驶速度，BC 段车流速度是车流通过交叉口的逸散速度，受到交叉口通行能力的制约；AB 段的路段长度由路段总长度 AC 与 BC 段的路段长度之差确定，BC 段的路段长度由排队车辆数确定。

车辆行驶段 $L_a^r(t)$ 上车辆正常行驶，车辆排队段 $L_a^q(t)$ 上车辆排队等待，该路段组成为

$$L = L_a^q(t) + L_a^r(t) \tag{2-8}$$

根据图 2-1，时刻车辆在路段上的行程时间 $T_a(t)$，应当是车辆行驶段的行程时间 $r_a(t)$ 与车辆排队段的行程时间 $d_a(t)$ 之和，即

$$T_a(t) = r_a(t) + d_a(t) \tag{2-9}$$

其中：行驶段行程时间 $r_a(t)$ 的值由车辆在进入排队状态前时刻的瞬时行驶速度 $v_a(t)$ 及车辆在排队段的长度 $L_a^q(t)$ 共同决定，即

$$r_a(t) = \frac{L_a^r(t)}{c_a(t)} = \frac{L_a - L_a^q(t)}{v_a(t)} \tag{2-10}$$

排队段行程时间 $d_a(t)$，由等待时间与车流消散时间共同决定，车流消散时间与交叉口通行能力有关。

由式（2-10）可知，如果要计算 $r_a(t)$，首先需要求得路段 a 在 t 时刻下游交叉口的排队长度 $L_a^q(t)$，该段长度为所有排队车辆自身长度与排队间隙空间之和。宋博文等（2014）建立的改进的路阻函数模型中用停车波波速 w_{stop} 与红灯时长 t 的积来表示排队路段长度。

2.2.3 行驶段车辆行程时间基础模型

根据集散波理论,车辆由行驶状态向排队状态转变的过程中将产生停车波,其波速为 $w_{\text{stop}}(t)$,该停车波传递的方向为车流后向,其计算公式可表述为

$$w_{\text{stop}}(t) = -v_a^f \frac{k_a^{\text{up}}(t)}{k_a^j(t)} \tag{2-11}$$

式中,$w_{\text{stop}}(t)$——停车波波速,单位 km/h;

v_a^f——路段自由流速度,单位 km/h;

$k_a^{\text{up}}(t)$——路段行驶段的车流密度,单位 veh/(km·lane);

$k_a^j(t)$——车流排队段的阻塞密度,单位 veh/(km·lane)。

则在红灯时长 r 秒内,停车波向上游传递的距离应为 $|w_{\text{stop}}(t)|r$,停车数记为 $N_a^r(t)$,单位为 veh/lane,其计算公式可表述为

$$N_a^r(t) = r|w_{\text{stop}}(t)|k_a^j(t) = rk_a^{\text{up}}(t)v_a^f, \quad (\forall a \in L, \forall t \in [0, T]) \tag{2-12}$$

式中,r——路段下游交叉口的红灯相位长,单位 h。

根据 Green-shields 的速密关系以及交通基本关系有

$$v_a(t) = \frac{x_a^{\text{up}}(t)}{k_a^{\text{up}}(t)}, v_a(t) \, v_a^f \left[1 - \frac{k_a^{\text{up}}(t)}{k_a^j(t)}\right] \tag{2-13}$$

式中,$v_a(t)$——路段非拥挤状态下的行驶速度,单位 km/h;

$x_a^{up}(t)$——t 时刻路段 a 上游的驶入车流量,单位 veh/h。

对式(2-13)进行变换,有

$$\frac{1}{k_a^j(t)}[k_a^{\text{up}}(t)]^2 - k_a^{\text{up}}(t) + \frac{x_a^{\text{up}}(t)}{v_a^f} = 0 \tag{2-14}$$

式(2-14)是关于 $k_a^{\text{up}}(t)$ 的方程,该方程的解为

$$k_a^{\text{up}}(t) = \frac{k_a^j}{2}\left[1 \pm \sqrt{1 - \frac{4x_a^{\text{up}}(t)}{k_a^j v_a^j}}\right] \tag{2-15}$$

式(2-15),要求 $x_a^{\text{up}}(t) \leq \frac{1}{4} k_a^j v_a^f$,当 $x_a^{\text{up}}(t)$ 值较大时,$k_a^{\text{up}}(t)$ 也较大,此时取正号;而当 $x_a^{\text{up}}(t)$ 值较小时,$k_a^{\text{up}}(t)$ 也小,此时取负号。

将式(2-15)代入式(2-12),可得 t 时刻路段 a 下游交叉口前的排队车辆数为

$$N_a^r(t) = \frac{rk_a^j v_a^f}{2}\left[1 \pm \sqrt{1 - \frac{4x_a^{\text{up}}(t)}{k_a^j v_a^f}}\right], \quad (\forall a \in A, \forall t \in [0, T]) \tag{2-16}$$

时刻 t 段上的初步预测排队长度为

$$L_a^q(t) = N_a^r(t)s_a \frac{rk_a^j v_a^f}{2}\left[1 \pm \sqrt{1 - \frac{4x_a^{up}(t)}{k_a^j v_a^f}}\right]s_a \quad (2-17)$$

其中，s_a（一般取 0.006km/veh）表示路段 a 上每辆标准小汽车的平均空间长度。

时刻 t 路段上的初步预测行驶段长度为

$$L_a^r(t) = L - L_a^q(t) = L - \frac{rk_a^j v_a^f}{2}\left[1 \pm \sqrt{1 - \frac{4x_a^{up}(t)}{k_a^j v_a^f}}\right]s_a \quad (2-18)$$

时刻 t 路段上的初步预测行驶段行程时间为

$$r_a(t) = \frac{L_a^r(t)}{v_a(t)} = \frac{L}{v_a(t)} - \frac{rk_a^j v_a^f}{2v_a(t)}\left[1 \pm \sqrt{1 - \frac{4x_a^{up}(t)}{k_a^j v_a^f}}\right]s_a \quad (2-19)$$

随着时刻的变化，以上排队路段长度、行驶路段长度、行驶路段行程时间以及下节讨论的排队路段行程时间都是时变的，为了在随机动态路网中准确预测整个路段的行程时间，必须将这种时变的影响使用某种测度进行分析，否则预测结果会产生偏差，如同王荣彦（2008）做了以下研究：

（1）虽然引入的微分的思想，注意到了 t 与 $t + \Delta t$ 排队路段长度存在差异，但仅仅分析了一个模拟步长起始与终止时刻的排队路段长度差异，认为经过 Δt 时长排队路段长度差异较小，用一个时刻的预测值代表整个排队时段的排队状态，忽视了变化是累积的过程，经过整个排队时长后，排队路段长度必然与初始预测值产生较大差异。

（2）同时，该研究用自由流状态车辆行驶速度 v_a^f 替代车辆行驶速度 $v_a(t)$，认为车辆在路段上游的行驶阶段处于自由流状态，忽视了不同道路条件及实时道路服务水平对车辆速度的影响，用固定值替代了时变量。

（3）另外该研究将排队时长限定在一个完整的红灯时长内，忽视了由于车辆不同时刻到达排队路段可能经历的不同等待时长的实际情况，这一情况会对车辆路段行程时间产生较大的影响。

2.2.4 排队段车辆行程时间基础模型

车流在排队段的行程时间由两部分组成：等待时间 T_{wait} 及交叉口的延误时间。等待时间由所经历的信号周期数及进入等待区段的时刻决定；交叉口延误时间由在交叉口前排队等待的车辆数和车流消散速度决定。

交叉口前排队车辆数 $N_a^r(t)$ 由式（2-16）来计算；车流消散率，由交叉口的通行能力 $Q_a(t)$ 决定。

t 时刻车流在排队等待段的行程时间为

$$d_a(t) = T_{\text{wait}} + \frac{N_a^r(t)}{Q_a(t)} = T_{\text{wait}} + \frac{rk_a^j v_a^f}{2}\left\{\left[1 \pm \sqrt{1 - \frac{4x_a^{\text{up}}(t)}{k_a^j v_a^f}}\right]\right\} \Big/ Q_a(t) =$$

$$T_{\text{wait}} + \frac{rk_a^j v_a^f}{2Q_a(t)}\left\{\left[1 \pm \sqrt{1 - \frac{4x_a^{\text{up}}(t)}{k_a^j v_a^f}}\right]\right\} \quad (\forall a \in A, \forall t \in [0, T]) \quad (2-20)$$

将式（2-19）与式（2-20）代入式（2-9）中就可以得到车辆在整个路段上的行程时间为

$$T_a(t) = r_a(t) + d_a(t) =$$

$$\frac{L}{v_a(t)} - \frac{rk_a^j v_a^f}{2v_a(t)}\left[1 \pm \sqrt{1 - \frac{4x_a^{\text{up}}(t)}{k_a^j v_a^f}}\right]s_a + T_{\text{wait}} + \frac{rk_a^j v_a^f}{2Q_a(t)}\left\{\left[1 \pm \sqrt{1 - \frac{4x_a^{\text{up}}(t)}{k_a^j v_a^f}}\right]\right\}$$

$$(\forall a \in A, \forall t \in [0, T]) \tag{2-21}$$

2.3 随机动态路段行程时间可靠性模型

在第 2.2.2 节中，提到了行驶路段行程时间与排队路段的长度相关。在 t 时刻排队路段长度为 $L_a^q(t)$，此时可以获取一个瞬时初始行驶路段行程时间 $r_a(t)$，但经过 $r_a(t)$ 之后，在 $t+r_a(t)$ 时刻车辆理论上将到达预期排队队尾位置，此刻的拥挤路段长度为 $L_a^q(t+r_a(t))$。然而理论上 $L_a^q(t+r_a(t)) = L_a^q(t)$ 的关系绝大多数情况下不成立，故此时需要对该关系进行详细分析，方可继续使用集散波理论计算行程时间。

为了将车辆排队长度随时间产生的变化情况、实时道路服务水平对车流速度的影响、以及多重红灯相位的叠加影响这些重要因素引致的车流行程时间波动反映出来，特引入红灯相位结束时刻目标车辆与车流排队队尾位置的相互关系来进行车辆行程时间预测。

2.3.1 随机动态路段行程时间要素影响

随机动态条件下的路段实际行程时间 $T_a(t)$ 与道路服务水平息息相关，道路服务水平随着道路通行能力、交通流量的随机变化而产生波动。

进行随机动态行程时间分析必须考虑的对象有区域交通运行状况及车辆行驶交通规则。由此涉及的主要影响因素包括以下两种。

（1）道路条件：通行能力、交通信号、可变信息交通标志（VMS）。

（2）交通条件：交通流、交通规则、车辆行为（车况、驾驶员状态）、及环境（自然状况、事故）。

随机动态行程时间的确定，必须综合考虑以上各要素的影响。这里基于常规交通状况，故不考虑其中事故要素对行程时间的影响。

第2章 随机动态路段行程时间可靠性研究

进行行程时间分析的关键变量是随机动态行驶速度 $v_a(t)$，它受到各种因素的影响，对其进行以下修正。

自由流状态下：
$$L = T_0 v_a^f$$

某服务水平下：
$$L = T_\varphi v_a(t)$$

则有
$$T_0 v_a^f = T_\varphi v_a(t)$$

结合
$$T_\varphi = T_0 \left[1 + J\left(\frac{\alpha}{1-\alpha}\right)\right]$$

故得：
$$v_a(t) = v_a^f \bigg/ \left[1 + J\left(\frac{\alpha}{1-\alpha}\right)\right] \tag{2-22}$$

其中自由流行程速度为
$$v_a^f = reS\eta v_0 \tag{2-23}$$

其中，T_0——自由流状态行程时间，h；

T_φ——某服务水平下的行程时间，h；

v_0——道路设计车速，km/h；

re——自行车影响折减系数；

η——车道宽影响系数；

S——交叉口影响系数。

2.3.2 随机动态路段行程时间模型

根据以上分析，以目标车辆为研究对象，按照其在路段 a 上的行进轨迹进行分类剖析，将随机动态路段行程时间划分为两个阶段。图 2-4 所示为路段关键点相对位置。

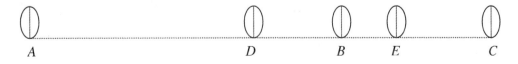

图 2-4 路段关键点相对位置图示

阶段1：初始设定阶段。

$t=0$，此时目标车辆进入路段 a，位于路段的起点 A 处，路段终点 C 处有信号控制，开始第一个红灯时段，此时该车辆在该路段的行程时间 $T_a(t) = r_a(t) + d_a(t)$，其中 $r_a(t)$ 为 AB 段的行程时间，$d_a(t)$ 为 BC 段的行程时间，其值由式（2-19）~式（2-21）确定。初始状态，记 T_{wait} 为 0，有

$$r_a(t) = \frac{L}{v_a(t)} - \frac{rk_a^j v_a^f}{2v_a(t)} \left[1 \pm \sqrt{1 - \frac{4x_a^{\text{up}}(t)}{k_a^j v_a^f}}\right] s_a$$

$$d_a(t) = \frac{rk_a^j v_a^f}{2 Q_a(t)} \left\{\left[1 \pm \sqrt{1 - \frac{4x_a^{\text{up}}(t)}{k_a^j v_a^f}}\right]\right\}$$

$$T_a(t) = \frac{L}{v_a(t)} - \frac{rk_a^j v_a^f}{2v_a(t)} \left[1 \pm \sqrt{1 - \frac{4x_a^{\text{up}}(t)}{k_a^j v_a^f}}\right] s_a + \frac{rk_a^j v_a^f}{2 Q_a(t)} \left\{\left[1 \pm \sqrt{1 - \frac{4x_a^{\text{up}}(t)}{k_a^j v_a^f}}\right]\right\}$$

阶段 2：分情况解析阶段。

经过 n 个红灯之后，即 $t = nr + (n-1)g$ 时（r 为红灯时长，g 为绿灯时长），对第 n 个红灯结束时刻，该目标车辆与第一阶段初步预测的排队队尾的相对位置进行情况划分，该车辆所处位置可划分为 3 种情况。

1. 未达排队队尾位置

该时刻车辆处于 D 处，此时，经过 n 个红灯时长，产生排队，排队长度为 BC 段，车辆从 A 行程至 D 处，未到达排队的末尾 B 处。

在接下来的绿灯时段，该车可能经历以下 4 种情况。

（1）排队车流全部消散。

1）该车直接通过交叉口。

该车在整个路段 a 上没有排队等待，以速度 $v_a(t)$ 通过全程，则该车通过该路段的行程时间为

$$T_a(t) = \frac{L}{v_a(t)} = \frac{L}{v_a^f / \left[1 + J\left(\frac{a}{1-a}\right)\right]} \quad (2-24)$$

2）该车未通过交叉口。

该车在整个路段 a 上没有排队等待，仅在最后时刻停在停车线处，等待一次红灯后直接通过该路段，则该车通过该路段的行程时间为

$$T_a(t) = \frac{L}{v_a(t)} + r + t_0 = \frac{L}{v_a^f / \left[1 + J\left(\frac{\alpha}{1-\alpha}\right)\right]} + r + t_0 \quad (2-25)$$

其中，$r_a(t) = \frac{L}{v_a(t)} = \frac{L}{v_a^f / \left[1 + J\left(\frac{\alpha}{1-\alpha}\right)\right]}$，$d_a(t) = r + t_0$，$t_0$ 为车辆停车、启动后通过

下游交叉口的延误时间。

（2）排队车流部分消散。

这种情况下，该车在到达排队队尾时，经历 n 个红灯 $+n$ 个绿灯。

1）第 $n+1$ 次绿灯时通过交叉口。该车在第 n 次绿灯结束位于 E，处于排队队尾，然后在下一次绿灯时排队通过交叉口，则该车在行驶区段的行程时间为

$$r_{\mathrm{a}}(t) = n(r+g)$$

该车在排队区段的行程时间为

$$d_{\mathrm{a}}(t) = \frac{N_{\mathrm{a}}(t)}{Q_{\mathrm{a}}(t)} + r = \frac{rk_{\mathrm{a}}^{\mathrm{j}}v_{\mathrm{a}}^{\mathrm{f}}}{2Q_{\mathrm{a}}(t)}\left\{\left[1 \pm \sqrt{1 - \frac{4x_{\mathrm{a}}^{\mathrm{up}}(t)}{k_{\mathrm{a}}^{\mathrm{j}}v_{\mathrm{a}}^{\mathrm{f}}}}\right]\right\} + r$$

该车通过该路段的行程时间为

$$T_{\mathrm{a}}(t) = r_{\mathrm{a}}(t) + d_{\mathrm{a}}(t) = n(r+g) + \frac{rk_{\mathrm{a}}^{\mathrm{j}}v_{\mathrm{a}}^{\mathrm{f}}}{2Q_{\mathrm{a}}(t)}\left\{\left[1 \pm \sqrt{1 - \frac{4x_{\mathrm{a}}^{\mathrm{up}}(t)}{k_{\mathrm{a}}^{\mathrm{j}}v_{\mathrm{a}}^{\mathrm{f}}}}\right]\right\} + r \quad (2-26)$$

2）第 $n+m$ 次绿灯时通过交叉口。该车在第 n 次绿灯结束位于 E，处于排队队尾，然后在接下来第 m 次绿灯时排队通过交叉口，则该车在行驶区段的行程时间仍为

$$r_{\mathrm{a}}(t) = n(r+g)$$

该车在排队区段的行程时间为

$$d_{\mathrm{a}}(t) = \frac{N_{\mathrm{a}}(t)}{Q_{\mathrm{a}}(t)} + mr = \frac{rk_{\mathrm{a}}^{\mathrm{j}}v_{\mathrm{a}}^{\mathrm{f}}}{2Q_{\mathrm{a}}(t)}\left\{\left[1 \pm \sqrt{1 - \frac{4x_{\mathrm{a}}^{\mathrm{up}}(t)}{k_{\mathrm{a}}^{\mathrm{j}}v_{\mathrm{a}}^{\mathrm{f}}}}\right]\right\} + mr$$

该车通过该路段的行程时间为

$$T_{\mathrm{a}}(t) = r_{\mathrm{a}}(t) + d_{\mathrm{a}}(t) = n(r+g) + \frac{rk_{\mathrm{a}}^{\mathrm{j}}v_{\mathrm{a}}^{\mathrm{f}}}{2Q_{\mathrm{a}}(t)}\left\{\left[1 \pm \sqrt{1 - \frac{4x_{\mathrm{a}}^{\mathrm{up}}(t)}{k_{\mathrm{a}}^{\mathrm{j}}v_{\mathrm{a}}^{\mathrm{f}}}}\right]\right\} + mr \quad (2-27)$$

2. 抵达排队队尾位置

车辆处于 B 处，此时，经过 n 个红灯时长 r，产生排队，排队长度为 BC 段，车辆从 A 行驶至排队的末尾 B 处。

在接下来的绿灯时段，该车将面临 4 种情况。

（1）排队车流全部消散。

1）在该绿灯结束，该车刚好通过交叉口。该情况与初始预测情况吻合，并可进一步简化，该车在行驶区段的行程时间为

$$r_{\mathrm{a}}(t) = \frac{L}{v_{\mathrm{a}}(t)} - \frac{rk_{\mathrm{a}}^{\mathrm{j}}v_{\mathrm{a}}^{\mathrm{f}}}{2v_{\mathrm{a}}(t)}\left[1 \pm \sqrt{1 - \frac{4x_{\mathrm{a}}^{\mathrm{up}}(t)}{k_{\mathrm{a}}^{\mathrm{j}}v_{\mathrm{a}}^{\mathrm{f}}}}\right]s_{\mathrm{a}} = nr + (n-1)g$$

该车在排队区段的行程时间为

$$d_a(t) = \frac{rk_a^j v_a^f}{2Q_a(t)}\left\{\left[1 \pm \sqrt{1 - \frac{4x_a^{up}(t)}{k_a^j v_a^f}}\right]\right\} = g$$

该车通过该路段的行程时间为

$$T_a(t) = r_a(t) + d_a(t) = n(r + g) \qquad (2-28)$$

2）在该绿灯结束前，该车提前通过交叉口。该情况与初始预测情况吻合，该车在行驶区段的行程时间

$$r_a(t) = \frac{L}{v_a(t)} - \frac{rk_a^j v_a^f}{2v_a(t)}\left[1 \pm \sqrt{1 - \frac{4x_a^{up}(t)}{k_a^j v_a^f}}\right]s_a = nr + (n-1)g$$

该车在排队区段的行程时间为

$$d_a(t) = \frac{rk_a^j v_a^f}{2Q_a(t)}\left\{\left[1 \pm \sqrt{1 - \frac{4x_a^{up}(t)}{k_a^j v_a^f}}\right]\right\}$$

该车通过该路段的行程时间为

$$T_a(t) = r_a(t) + d_a(t) =$$
$$nr + (n-1)g + \frac{rk_a^j v_a^f}{2Q_a(t)}\left\{\left[1 \pm \sqrt{1 - \frac{4x_a^{up}(t)}{k_a^j v_a^f}}\right]\right\} = \frac{L}{v_a(t)} \qquad (2-29)$$

（2）排队车流部分消散。

该车在到达排队队尾时，经历 n 个红灯与 $(n-1)$ 个绿灯。

1）第 $n+1$ 次绿灯时通过交叉口。当 $n=1$，该车在第 1 次红灯结束位于 B，处于排队队尾，在第 1 次绿灯结束位于 E，然后在下一次绿灯时排队通过交叉口，则该车在行驶区段的行程时间为 $r_a(t) = r$，该车在排队区段的行程时间为

$$d_a(t) = \frac{N_a(t)}{Q_a(t)} + r = \frac{rk_a^j v_a^f}{2Q_a(t)}\left\{\left[1 \pm \sqrt{1 - \frac{4x_a^{up}(t)}{k_a^j v_a^f}}\right]\right\} + r$$

该车通过该路段的行程时间为

$$T_a(t) = r_a(t) + d_a(t) = r + \frac{rk_a^j v_a^f}{2Q_a(t)}\left\{\left[1 \pm \sqrt{1 - \frac{4x_a^{up}(t)}{k_a^j v_a^f}}\right]\right\} + r \qquad (2-30)$$

当 $n>1$，部分消散意味着一个红灯期间形成的排队，在一个绿灯时间无法全部消散，则 n 个周期后，排队的队尾位置到达位置 B，无法在一个绿灯时间内消散，故本情况不存在。

2）第 $n+m$ 次绿灯时通过交叉口。当 $n=1$，该车在第 1 次红灯结束位于 B，处于排队队尾，在第 1 次绿灯结束位于 E，然后在下 m 次绿灯时排队通过交叉口，则该车在行驶区段的行程时间为 $r_a(t) = r$，该车在排队区段的行程时间为

$$d_{\mathrm{a}}(t) = \frac{N_{\mathrm{a}}(t)}{Q_{\mathrm{a}}(t)} + mr = \frac{rk_{\mathrm{a}}^{\mathrm{j}}v_{\mathrm{a}}^{\mathrm{f}}}{2Q_{\mathrm{a}}(t)}\left\{\left[1 \pm \sqrt{1 - \frac{4x_{\mathrm{a}}^{\mathrm{up}}(t)}{k_{\mathrm{a}}^{\mathrm{j}}v_{\mathrm{a}}^{\mathrm{f}}}}\right]\right\} + mr$$

该车通过该路段的行程时间为

$$T_{\mathrm{a}}(t) = r_{\mathrm{a}}(t) + d_{\mathrm{a}}(t) = r + \frac{rk_{\mathrm{a}}^{\mathrm{j}}v_{\mathrm{a}}^{\mathrm{f}}}{2Q_{\mathrm{a}}(t)}\left\{\left[1 \pm \sqrt{1 - \frac{4x_{\mathrm{a}}^{\mathrm{up}}(t)}{k_{\mathrm{a}}^{\mathrm{j}}v_{\mathrm{a}}^{\mathrm{f}}}}\right]\right\} + mr \quad (2-31)$$

当 $n > 1$，若一个红灯形成的排队，在一个绿灯时间无法全部消散，则 n 个周期后，排队的队尾位置将移至位置 D，若车辆此时到达位置 D，在 m 个绿灯时间内消散，则该车在行驶区段的行程时间仍为

$$r_{\mathrm{a}}(t) = nr + (n-1)g$$

该车在排队区段的行程时间为

$$d_{\mathrm{a}}(t) = \frac{N_{\mathrm{a}}(t)}{Q_{\mathrm{a}}(t)} + (m-1)r = \frac{rk_{\mathrm{a}}^{\mathrm{j}}v_{\mathrm{a}}^{\mathrm{f}}}{2Q_{\mathrm{a}}(t)}\left\{\left[1 \pm \sqrt{1 - \frac{4x_{\mathrm{a}}^{\mathrm{up}}(t)}{k_{\mathrm{a}}^{\mathrm{j}}v_{\mathrm{a}}^{\mathrm{f}}}}\right]\right\} + (m-1)r$$

该车通过该路段的行程时间为

$$T_{\mathrm{a}}(t) = r_{\mathrm{a}}(t) + d_{\mathrm{a}}(t) =$$

$$nr + (n-1)g + \frac{rk_{\mathrm{a}}^{\mathrm{j}}v_{\mathrm{a}}^{\mathrm{f}}}{2Q_{\mathrm{a}}(t)}\left\{\left[1 \pm \sqrt{1 - \frac{4x_{\mathrm{a}}^{\mathrm{up}}(t)}{k_{\mathrm{a}}^{\mathrm{j}}v_{\mathrm{a}}^{\mathrm{f}}}}\right]\right\} + (m-1)r \quad (2-32)$$

3. 越过排队队尾位置

车辆处于 E 处，此时，经过 n 个红灯时长 r，产生排队，排队长度为 BC 段，车辆从 A 越过排队的末尾 B 处到达 E 处。

当 $n = 1$ 时，意味着该车在比一个红灯时长还短的时间内，越过了计划的排队队尾位置 B，到达 E 点，这里首先确定 E 点的位置。

此时有

$$r_{\mathrm{a}}(t) = \frac{L_{\mathrm{AE}}}{v_{\mathrm{a}}(t)} = \frac{L_{\mathrm{AE}}}{v_{\mathrm{a}}^{\mathrm{f}} \Big/ \left[1 + J\left(\frac{\alpha}{1-\alpha}\right)\right]} < r$$

同时有

$$L_{\mathrm{AE}} = L - L_{\mathrm{Q}} = L - N_{\mathrm{a}}(t)S_{\mathrm{a}} = L - r_{\mathrm{a}}(t)|w_{\mathrm{stop}}(t)|k_{\mathrm{a}}^{\mathrm{j}}(t)S_{\mathrm{a}} =$$

$$L - \frac{L_{\mathrm{AE}}}{v_{\mathrm{a}}(t)}|w_{\mathrm{stop}}(t)|k_{\mathrm{a}}^{\mathrm{j}}(t)S_{\mathrm{a}}$$

解此方程可得

$$L_{\mathrm{AE}} = \frac{v_{\mathrm{a}}(t)}{v_{\mathrm{a}}(t) + |w_{\mathrm{stop}}(t)|k_{\mathrm{a}}^{\mathrm{j}}(t)S_{\mathrm{a}}}L \quad (2-33)$$

$$r_{\mathrm{a}}(t) = \frac{L}{v_{\mathrm{a}}(t) + |w_{\mathrm{stop}}(t)| k_{\mathrm{a}}^{\mathrm{j}}(t) S_{\mathrm{a}}} \tag{2-34}$$

该车在位置 E 停车等待至红灯时长 r 结束，等待时间为 $r - r_{\mathrm{a}}(t)$。在接下来的绿灯时段，该车将面临以下 4 种情况。

（1）排队车流全部消散。

此时该车直接通过交叉口。此情况下，该车在行驶区段的行程时间为

$$r_{\mathrm{a}}(t) = \frac{L}{v_{\mathrm{a}}(t) + |w_{\mathrm{stop}}(t)| k_{\mathrm{a}}^{\mathrm{j}}(t) S_{\mathrm{a}}}$$

该车在排队区段的行程时间为

$$d_{\mathrm{a}}(t) = \frac{N_{\mathrm{a}}(t)}{Q_{\mathrm{a}}(t)} + r - r_{\mathrm{a}}(t) = \frac{r k_{\mathrm{a}}^{\mathrm{j}} v_{\mathrm{a}}^{\mathrm{f}}}{2 Q_{\mathrm{a}}(t)} \left\{ \left[1 \pm \sqrt{1 - \frac{4 x_{\mathrm{a}}^{\mathrm{up}}(t)}{k_{\mathrm{a}}^{\mathrm{j}} v_{\mathrm{a}}^{\mathrm{f}}}} \right] \right\} + r - r_{\mathrm{a}}(t)$$

该车通过该路段的行程时间为

$$T_{\mathrm{a}}(t) = r_{\mathrm{a}}(t) + d_{\mathrm{a}}(t) = r_{\mathrm{a}}(t) + \frac{r k_{\mathrm{a}}^{\mathrm{j}} v_{\mathrm{a}}^{\mathrm{f}}}{2 Q_{\mathrm{a}}(t)} \left\{ \left[1 \pm \sqrt{1 - \frac{4 x_{\mathrm{a}}^{\mathrm{up}}(t)}{k_{\mathrm{a}}^{\mathrm{j}} v_{\mathrm{a}}^{\mathrm{f}}}} \right] \right\} + r - r_{\mathrm{a}}(t) =$$

$$\frac{r k_{\mathrm{a}}^{\mathrm{j}} v_{\mathrm{a}}^{\mathrm{f}}}{2 Q_{\mathrm{a}}(t)} \left\{ \left[1 \pm \sqrt{1 - \frac{4 x_{\mathrm{a}}^{\mathrm{up}}(t)}{k_{\mathrm{a}}^{\mathrm{j}} v_{\mathrm{a}}^{\mathrm{f}}}} \right] \right\} + r \tag{2-35}$$

（2）排队车流部分消散。

1）第 2 次绿灯时通过交叉口。此时，该车停在停车线处，等待一次红灯后直接通过该路段，则该车通过该路段的行程时间为

$$T_{\mathrm{a}}(t) = \frac{r k_{\mathrm{a}}^{\mathrm{j}} v_{\mathrm{a}}^{\mathrm{f}}}{2 Q_{\mathrm{a}}(t)} \left\{ \left[1 \pm \sqrt{1 - \frac{4 x_{\mathrm{a}}^{\mathrm{up}}(t)}{k_{\mathrm{a}}^{\mathrm{j}} v_{\mathrm{a}}^{\mathrm{f}}}} \right] \right\} + r + r =$$

$$\frac{r k_{\mathrm{a}}^{\mathrm{j}} v_{\mathrm{a}}^{\mathrm{f}}}{2 Q_{\mathrm{a}}(t)} \left\{ \left[1 \pm \sqrt{1 - \frac{4 x_{\mathrm{a}}^{\mathrm{up}}(t)}{k_{\mathrm{a}}^{\mathrm{j}} v_{\mathrm{a}}^{\mathrm{f}}}} \right] \right\} + 2r \tag{2-36}$$

2）第 n 次绿灯时通过交叉口。此时，该车停在停车线处，等待 $n-1$ 次红灯后通过该路段，则该车通过该路段的行程时间为

$$T_{\mathrm{a}}(t) = \frac{r k_{\mathrm{a}}^{\mathrm{j}} v_{\mathrm{a}}^{\mathrm{f}}}{2 Q_{\mathrm{a}}(t)} \left\{ \left[1 \pm \sqrt{1 - \frac{4 x_{\mathrm{a}}^{\mathrm{up}}(t)}{k_{\mathrm{a}}^{\mathrm{j}} v_{\mathrm{a}}^{\mathrm{f}}}} \right] \right\} + r + (n-1)r =$$

$$\frac{r k_{\mathrm{a}}^{\mathrm{j}} v_{\mathrm{a}}^{\mathrm{f}}}{2 Q_{\mathrm{a}}(t)} \left\{ \left[1 \pm \sqrt{1 - \frac{4 x_{\mathrm{a}}^{\mathrm{up}}(t)}{k_{\mathrm{a}}^{\mathrm{j}} v_{\mathrm{a}}^{\mathrm{f}}}} \right] \right\} + nr \tag{2-37}$$

若 $n > 1$，该车在经过 $nr + (n-1)g$ 时长之后位于 E 点，该车在行驶区段的行程时间为 $r_{\mathrm{a}}(t) = nr + (n-1)g$，该车在排队区段的行程时间分以下两种情况。

第 2 章 随机动态路段行程时间可靠性研究

Ⅰ. 该车直接通过交叉口。此时，该车在排队区段的行程时间为

$$d_a(t) = \frac{N_a(t)}{Q_a(t)} = \frac{L_{EC}/S_a}{Q_a(t)} = \frac{(L-L_{AE})/S_a}{Q_a(t)} = \frac{L-r_a(t)\ v_a(t)}{S_a Q_a(t)} =$$

$$\frac{L-[nr+(n-1)g]\ v_a^f \Big/ \Big[1+J\Big(\dfrac{\alpha}{1-\alpha}\Big)\Big]}{S_a Q_a(t)}$$

该车通过该路段的行程时间为

$$T_a(t) = r_a(t) + d_a(t) =$$

$$nr+(n-1)g+\frac{L-[nr+(n-1)g]\ v_a^f \Big/ \Big[1+J\Big(\dfrac{\alpha}{1-\alpha}\Big)\Big]}{S_a Q_a(t)} \tag{2-38}$$

Ⅱ. 第 $n+m$ 次绿灯时通过交叉口。此时，该车在排队区段的行程时间为

$$d_a(t) = \frac{N_a(t)}{Q_a(t)} + mr = \frac{L_{FC}/S_a}{Q_a(t)} + mr = \frac{(L-L_{AF})/S_a}{Q_a(t)} + mr = \frac{L-r_a(t)\ v_a(t)}{S_a Q_a(t)} + mr =$$

$$\frac{L-[nr+(n-1)g]\ v_a^f \Big/ \Big[1+J\Big(\dfrac{\alpha}{1-\alpha}\Big)\Big]}{S_a Q_a(t)} + mr$$

该车通过该路段的行程时间为

$$T_a(t) = r_a(t) + d_a(t) =$$

$$nr+(n-1)g+\frac{L-[nr+(n-1)g]\ v_a^f \Big/ \Big[1+J\Big(\dfrac{\alpha}{1-\alpha}\Big)\Big]}{S_a Q_a(t)} + mr \tag{2-39}$$

归纳以上各种情况见表 2-1。

表 2-1 随机动态路段行程时间预测表

序号	判别位置	判别时段车队及该车状态	行为分析	预测行程时间
A	D	车队消散，直接通过	以速度 $v_a(t)$ 通过全程	$T_a(t) = \dfrac{L}{v_a(t)}$
B	D	车队消散，处于停车线	等待一次红灯后通过	$T_a(t) = \dfrac{L}{v_a(t)} + r + t_0$
C	D	部分消散，位于队尾 E	下一次绿灯时排队通过	$r_a(t) = n(r+g)$ $d_a(t) = \dfrac{rk_a^j v_a^f}{2Q_a(t)}\left\{\left[1 \pm \sqrt{1-\dfrac{4x_a^{up}(t)}{k_a^j v_a^f}}\right]\right\} + r$

续表

序号	判别位置	判别时段车队及该车状态	行为分析	预测行程时间
D	D	部分消散,位于队尾 E	接下来第 m 次绿灯时通过	$r_a(t) = n(r+g)$ $d_a(t) = \dfrac{rk_a^j v_a^f}{2Q_a(t)}\left\{1 \pm \sqrt{1-\dfrac{4x_a^{up}(t)}{k_a^j v_a^f}}\right\} + mr$
E	B	车队消散,刚好通过	绿灯结束刚好通过	$r_a(t) = nr + (n-1)g$ $d_a(t) = g$
F	B	车队消散,提前通过	绿灯结束前通过	$r_a(t) = nr + (n-1)g$ $d_a(t) = \dfrac{rk_a^j v_a^f}{2Q_a(t)}\left\{1 \pm \sqrt{1-\dfrac{4x_a^{up}(t)}{k_a^j v_a^f}}\right\}$
G	B	部分消散,位于队尾 E	$n=1$,下 m 次绿灯时通过	$r_a(t) = r$ $d_a(t) = \dfrac{rk_a^j v_a^f}{2Q_a(t)}\left\{1 \pm \sqrt{1-\dfrac{4x_a^{up}(t)}{k_a^j v_a^f}}\right\} + mr$
H	B	部分消散,位于队尾 E	$n>1$,下一次绿灯时通过	不存在该情况
H	B	部分消散,位于队尾 E	$n>1$,下 m 次绿灯时通过	$r_a(t) = nr + (n-1)g;$ $d_a(t) = \dfrac{rk_a^j v_a^f}{2Q_a(t)}\left\{1 \pm \sqrt{1-\dfrac{4x_a^{up}(t)}{k_a^j v_a^f}}\right\} + (m-1)r$
I	E	车队消散,直接通过	$n=1$,直接通过	$r_a(t) = \dfrac{L}{v_a(t) + \lvert w_{stop}(t) \rvert k_a^j(t)\, S_a}$ $d_a(t) = \dfrac{rk_a^j v_a(t)}{2Q_a(t)}\left\{1 \pm \sqrt{1-\dfrac{4x_a^{up}(t)}{k_a^j v_a(t)}}\right\} + r - r_a(t)$
J	E	部分消散,位于停车线	$n=1$,下 m 次绿灯时通过	$r_a(t) = \dfrac{L}{v_a(t) + \lvert w_{stop}(t) \rvert k_a^j(t)\, S_a}$ $d_a(t) = \dfrac{rk_a^j v_a(t)}{2Q_a(t)}\left\{1 \pm \sqrt{1-\dfrac{4x_a^{up}(t)}{k_a^j v_a(t)}}\right\} + mr - r_a(t)$
K	E	车队消散,直接通过	$n>1$,直接通过	$r_a(t) = nr + (n-1)g;$ $d_a(t) = \dfrac{L - [nr + (n-1)g]\, v_a^f \big/ \left[1 + J\left(\dfrac{\alpha}{1-\alpha}\right)\right]}{S_a Q_a(t)}$
L	E	部分消散,位于 EC 段	$n>1$,下 m 次绿灯时通过	$r_a(t) = nr + (n-1)g$ $d_a(t) = \dfrac{L - [nr + (n-1)g]\, v_a^f \big/ \left[1 + J\left(\dfrac{\alpha}{1-\alpha}\right)\right]}{S_a Q_a(t)} + mr$

2.3.3 随机动态路段行程时间可靠性模型

根据以上分析模型获得的随机动态路段行程时间必然是行程时间的预测值解空间,而非单一的定值。传统的利用行程时间进行路径选择的方法就变得不再有效。基于此,结合行程时间可靠性是行程时间样本的一个总体特征值的性质,本书提出使用行程时间可靠性作为路径选择的依据,并建立相应的路径选择模型。

本书研究的行程时间可靠性是考虑服务水平影响的随机动态行程时间可靠性 $r_a(t)$,该可靠性满足以下两个条件。

(1)行程时间可靠性考虑道路服务水平的影响,不同的道路服务水平,会导致行程时间的差异,进而影响行程时间可靠性。因此考虑不同服务水平,会形成预测行程时间集,进而确定行程时间可靠性。

(2)行程时间可靠性是基于单一车辆道路行为规律的动态行程时间可靠性,并非道路本身的总体行程时间可靠性。区别在于:一般研究的行程时间可靠性是道路本身的行程时间可靠性,是道路上所有运行车辆总体的统计特征值,其计算方式是基于所有车辆多次运行结果的实际行程时间在期望行程时间范围内发生的概率值,与具体的运行时刻无关。然而,车辆每一次行程的状态都是存在差异的,不同时刻,特别是高峰与非高峰时段的路段行程时间、行程时间可靠性存在着明显的差异,用总体特征值描述的行程时间可靠性便不能准确的描述不同时刻路段的行程时间可靠性,于是针对单一车辆的动态行程时间可靠性的分析就十分有必要了,不同时段、不同时刻具有不同的行程时间可靠性,用于不同时刻的路径选择。求解动态行程时间可靠性,按照之前的思路,需要在每一时刻都获得一组试验数据,此组数据是 t 时刻,进入该路段的每个样本的实际行程时间,结合期望行程时间,计算出该时刻的行程时间可靠性。这样每个时刻都试验后,可以得到全天的行程时间可靠性,这需要海量的数据,且缺乏科学性。本文在已经建立的 t 时刻行程时间的预测模型的基础上,结合期望行程时间,进行 t 时刻道路动态行程时间可靠性的标定。

关于随机动态路段行程时间可靠性的计算,依据下式进行:

$$R_a(t) = \frac{\sum_{i=1}^{N}(N=1 \mid T_{ai}(t)/T_\varphi \leq \gamma, \gamma \geq 1)}{n} \quad (2-40)$$

式中,T_φ 为期望服务水平下的期望行程时间,γ 为可接受水平。对于路段服务水平,按照美国通行能力手册,路段服务水平一般分为6个等级,见表2-2。

表 2-2　不同路段服务水平车辆运行状况

级　别	情　形
A	畅行车流,基本无延误
B	稳定车流,有少量延误
C	稳定车流,有一定延误
D	接近不稳定车流,有较大延误,司机还能忍受
E	不稳定车流,交通拥堵,延误很大,司机无法忍受
F	强制车流,交通严重堵塞,车辆时开时停

注:引自《美国通行能力手册》

各级路段服务水平的对应 v/c 比区间并没有严格的标准,各国根据本国的实际情况设置了自身的标准,见表 2-3。

表 2-3　不同的道路路段服务水平等级划分标准

不同来源	A	B	C	D	E	F
建设项目交通影响评价技术标准	≤0.27	0.27~0.57	0.57~0.70	0.70~0.85	0.85~1.00	>1.0
美国通行能力手册	≤0.60	0.60~0.70	0.70~0.80	0.80~0.90	0.9~1.00	>1.0

本书将我国建设项目交通影响评价技术标准中的服务水平划分标准作为不同服务水平选取依据。

由于服务水平是一个区间,所以可以获取该服务水平下的期望行程时间也是一个区间 $[T_{\varphi min}, T_{\varphi max}]$,在进行可靠度分析时,这里取 $T_{\varphi max}$ 作为该服务水平下的期望行程时间。

随机动态路段行程时间 $T_a(t)$ 按照第 2.3.2 章节确定,据此,得到 $T_a(t)/T_\varphi$ 计算公式。

(1) 目标车辆未到达队尾。车辆处于 D 处,若排队车流全部消散,有以下两种情况。

1) 该车直接通过交叉口。此时

$$T_a(t)/T_\varphi = \frac{L}{v_a^f \big/ \left[1 + J\left(\frac{\alpha}{1-\alpha}\right)\right]} \bigg/ T_0 \left[1 + J\left(\frac{\alpha}{1-\alpha}\right)\right] = \frac{L}{v_a^f T_0} = 1$$

2) 该车未通过交叉口,停在停车线处。此时

$$T_a(t)/T_\varphi = \left\{\frac{L}{v_a^f \big/ \left[1 + J\left(\frac{\alpha}{1-\alpha}\right)\right]} + r + t_0\right\} \bigg/ t_0\left[1 + J\left(\frac{\alpha}{1-\alpha}\right)\right] =$$

第 2 章 随机动态路段行程时间可靠性研究

$$1 + (r + T_0)/T_0\left[1 + J\left(\frac{\alpha}{1-\alpha}\right)\right]$$

若排队车流部分消散，则有以下情况。

3）第 $n+1$ 次绿灯时通过交叉口，此时

$$T_a(t)/T_\varphi = \frac{n(r+g) + \frac{rk_a^j v_a^f}{2Q_a(t)}\left\{\left[1 \pm \sqrt{1 - \frac{4x_a^{up}(t)}{k_a^j v_a^f}}\right]\right\} + r}{T_0\left[1 + J\left(\frac{\alpha}{1-\alpha}\right)\right]}$$

4）第 $n+m$ 次绿灯时通过交叉口，此时

$$T_a(t)/T_\varphi = \frac{n(r+g) + \frac{rk_a^j v_a^f}{2Q_a(t)}\left\{\left[1 \pm \sqrt{1 - \frac{4x_a^{up}(t)}{k_a^j v_a^f}}\right]\right\} + mr}{T_0\left[1 + J\left(\frac{\alpha}{1-\alpha}\right)\right]}$$

（2）目标车辆刚好到达队尾。车辆处于 B 处，若排队车流全部消散，则有以下情况。

1）在该绿灯结束，该车刚好通过交叉口，此时

$$T_a(t)/T_\varphi = \frac{n(r+g)}{T_0\left[1 + J\left(\frac{\alpha}{1-\alpha}\right)\right]}$$

2）在该绿灯结束前，该车提前通过交叉口，此时

$$T_a(t)/T_\varphi = \frac{nr + (n-1)g + \frac{rk_a^j v_a^f}{2Q_a(t)}\left\{\left[1 \pm \sqrt{1 - \frac{4x_a^{up}(t)}{k_a^j v_a^f}}\right]\right\}}{T_0\left[1 + J\left(\frac{\alpha}{1-\alpha}\right)\right]} = \frac{\frac{L}{v_a(t)}}{T_0\left[1 + J\left(\frac{\alpha}{1-\alpha}\right)\right]}$$

若排队车流部分消散，则有以下情况。

3）第 $n+1$ 次绿灯时通过交叉口，当 $n=1$ 时，有

$$T_a(t)/T_\varphi = \frac{2r + \frac{rk_a^j v_a^f}{2Q_a(t)}\left\{\left[1 \pm \sqrt{1 - \frac{4x_a^{up}(t)}{k_a^j v_a^f}}\right]\right\}}{T_0\left[1 + J\left(\frac{\alpha}{1-\alpha}\right)\right]}$$

当 $n>1$ 时，本情况不存在。

4）第 $n+m$ 次绿灯时通过交叉口，当 $n=1$ 时，有

$$T_a(t)/T_\varphi = \frac{\frac{rk_a^j v_a^f}{2Q_a(t)}\left\{\left[1 \pm \sqrt{1 - \frac{4x_a^{up}(t)}{k_a^j v_a^f}}\right]\right\} + (m+1)r}{T_0\left[1 + J\left(\frac{\alpha}{1-\alpha}\right)\right]}$$

当 $n>1$ 时,有

$$T_a(t)/T_\varphi = \frac{(n+m-1)r+(n-1)g+\frac{rk_a^j v_a^f}{2Q_a(t)}\left\{\left[1\pm\sqrt{1-\frac{4x_a^{up}(t)}{k_a^j v_a^f}}\right]\right\}}{T_0\left[1+J\left(\frac{\alpha}{1-\alpha}\right)\right]}$$

(3) 目标车辆超过预期队尾。车辆处于 E 处,当 $n=1$ 时,若排队车流全部消散,则有以下情况。

1) 该车直接通过交叉口,此时

$$T_a(t)/T_\varphi = \frac{\frac{rk_a^j v_a^f}{2Q_a(t)}\left\{\left[1\pm\sqrt{1-\frac{4x_a^{up}(t)}{k_a^j v_a^f}}\right]\right\}+r}{T_0\left[1+J\left(\frac{\alpha}{1-\alpha}\right)\right]}$$

若排队车流部分消散,则有以下情况。

2) 下 m 次绿灯时通过交叉口,此时

$$T_a(t)/T_\varphi = \frac{\frac{rk_a^j v_a^f}{2Q_a(t)}\left\{\left[1\pm\sqrt{1-\frac{4x_a^{up}(t)}{k_a^j v_a^f}}\right]\right\}+mr}{T_0\left[1+J\left(\frac{\alpha}{1-\alpha}\right)\right]}$$

若 $n>1$ 时,则情况如下。

3) 该车直接通过交叉口,此时

$$T_a(t)/T_\varphi = \frac{nr+(n-1)g+\frac{L-[nr+(n-1)g]v_a^f\big/\left[1+J\left(\frac{\alpha}{1-\alpha}\right)\right]}{S_a Q_a(t)}}{T_0\left[1+J\left(\frac{\alpha}{1-\alpha}\right)\right]}$$

4) 第 $n+m$ 次绿灯时通过交叉口,此时

$$T_a(t)/T_\varphi = \frac{nr+(n-1)g+\frac{L-[nr+(n-1)g]v_a^f\big/\left[1+J\left(\frac{\alpha}{1-\alpha}\right)\right]}{S_a Q_a(t)}+mr}{T_0\left[1+J\left(\frac{\alpha}{1-\alpha}\right)\right]}$$

2.4 随机动态路段行程时间可靠性基础参数设定

2.4.1 路段自由流车速设定

路段自由流车速 v_a^f 是道路设计车速 v_0 的函数,同时受到车道宽度、交叉口及

第2章 随机动态路段行程时间可靠性研究

非机动车道等因素的影响，见式（2-23）。

（1）路段设计车速 v_0。

不同等级道路设计车速不同，其取值根据实际案例情况而定，规范的设计车速见表2-4。

表2-4 设计车速与道路等级关系表

道路等级	快速干道	主干道	次干道	支路
设计车速/（km·h^{-1}）	60~80	40~60	30~40	20~30
单向机动车车道数/道	2~4	2~4	1~3	1~2

注：来源 GB 50220-1995 城市道路交通规划设计规范

（2）车道宽度影响系数 η。

车道宽度为标准车道宽度3.5m时，$\eta=1$；当车道为非标准车道宽度时，车辆自由流行驶速度会发生改变，根据规范，当车道宽度改变后的车道宽度影响系数 η 的取值见表2-5。

表2-5 车道宽度与影响系数关系表

w_0/m	2.5	3	3.5	4	4.5	5	5.5	6
η/（%）	50	65	100	111	120	126	129	130

注：来源 GB 50220-1995 城市道路交通规划设计规范

（3）交叉口影响系数 S。

交叉口对车道的通行能力有很大影响，此影响随着路段长度的增加而逐步减小。同时车辆在交叉口之前的减速预判、交叉口之后的起步阶段，都对车辆的自由流行驶速度产生影响。一般可用式（2-41）求解，且 S 的最大值为1。

$$S = \begin{cases} S_0, & l \leq 200\text{m} \\ S_0(0.0013l + 0.73), & l > 200\text{m} \end{cases} \quad (2-41)$$

其中：S_0——交叉口有效通行时间比，一般用信号交叉口该路段所占绿信比。

l——交叉口之间的间距。

（4）非机动车折减系数 re。

机非分离断面，非机动车道对机动车行驶速度无影响，有 $re=1$；机非混行，非机动车车流对机动车车流不可避免的产生影响，其值受到各车道宽度及通行能力的多重影响，需要综合考虑，这里不作深入讨论，只考虑机非分离的道路情况。

2.4.2 交叉口道通行能力设定

交叉口车道通行能力决定了排队路段车流的逸散速度，这里按照城市道路交通

规划设计规范,信号交叉口的通行能力等于各进口道通行能力之和。一条车道的理论通行能力:

$$Q_{s0} = \frac{3\,600}{T_c}\left(\frac{g-2.3}{2.5}+1\right)\times 0.9 \qquad (2-42)$$

式中,T_c——信号灯周期(s)

g——信号每周期内的绿灯时间(s)

车道的实用通行能力需要修正,则有

$$Q_s = Q_{s0}re\eta n \qquad (2-43)$$

式中,re——自行车影响折减系数;

η——车道宽影响系数;

n——进口车道数;

S——交叉口影响系数。

2.5 随机动态路段行程时间可靠性案例分析

任意选取一段城市道路作为研究对象,如图2-5所示。

图2-5 案例路段位置示意图

该路段为标准城市次干道,双向四车道,机非分离,路段长度510m,双向车流均匀,两端均为信号控制交叉口。

2.5.1 案例相关参数标定

依据前文给出的计算模型,结合案例的基础条件,对相关参数进行标定,见表2-6。

第2章 随机动态路段行程时间可靠性研究

表2-6 相关参数标定表

序号	名　称	符　号	数　值	单　位
1	路段长度	L	0.51	km
2	路段服务水平	α	0.7	
3	服务水平参数	J	0.4	
4	设计车速	v_0	60	km/h
5	非机动车折减系数	re	1	
6	车道宽度	W_0	3.5	m
7	车道宽度影响系数	η	1	
8	交叉口有效通行时间比	S_0	0.5	
9	交叉口影响系数	$S = S_0(0.0013l + 0.73)$	0.6965	
10	自由流速度	$v_a^f = reS\eta v_0$	41.79	km/h
11	行驶状态下的行程速度	$v_a(t) = \dfrac{v_a^f}{1 + J\left(\dfrac{\alpha}{1-\alpha}\right)}$	21.61552	km/h
12	自由流行程时间	$T_0 = \dfrac{L}{v_a^f}$	0.012204	h
13	期望行程时间	$T_\varphi = T_0\left[1 + J\left(\dfrac{v}{c-v}\right)\right]$	0.023594	h
14	信号周期	T_c	50	s
15	红灯时长	r	25	s
16	绿灯时长	g	25	s
17	路段上每辆车的平均空间长度	S_a	6	m
18	绿灯亮后第一辆车通过停车线的时间	t_1	2.3	s
19	车辆通过停车线的平均时间	t_{sr}	2.65	s/veh
20	折减系数	φ	0.9	
21	一条车道的理论通行能力	$Q_{s0} = \dfrac{3600}{T_c}\left(\dfrac{g - t_1}{t_{sr}} + 1\right)\varphi$	619.8792	veh/h
22	车道数	n_l	2	条
23	交叉口的通行能力	$Q_a(t)$	1239.758	veh/h
24	阻塞密度	k_a^j	166.6667	veh/km/lane

续表

序号	名 称	符 号	数 值	单 位
25	上游的驶入车流量	$x_a^{up}(t)$	867.830 9	veh/h
26	停车波波速	$w_{stop}(t) = v_a^f \eta_1 = v_a^f \dfrac{k_a^{up}(t)}{k_a^j}$	12.870 76	km/h
27	路段 a 上游的交通流密度	$k_a^{up}(t) = \dfrac{k_a^j}{2}\left[1 \pm \sqrt{1 - \dfrac{4x_a^{up}(t)}{k_a^j v_a^f}}\right]$	99.240 1	veh/km/lane

表2-6中各相关参数的选取大多很明晰,部分参数的标定过程如下:

1) 服务水平取 $\alpha = 0.7$,这里的服务水平选取了建设项目交通影响评价技术标准中划定的 C 级服务水平下 v/c 允许的最大值;

2) 服务水平参数取 $J = 0.4$,由于该路段等级为城市干道,J 值的范围为 $0.4 \sim 0.6$;

3) 设计车速取 $v_0 = 60 \text{km/h}$,为双向四车道主干路设计车速取上限;

4) 非机动车折减系数取 $re = 1$,机动车道与非机动车道之间有隔离带;

5) 车道宽度影响系数取 $\eta = 1$,车道宽度为3.5m;

6) 交叉口有效通行时间比 $S_0 = 0.5$,信号交叉口绿信比为0.5,为25s。

2.5.2 行程时间预测

代入相关参数值得到各种情况下的案例路段随机动态行程时间,数据见表2-7。

表2-7 案例路段随机动态行程时间预测

情况分类	指标	值	单 位	换算值	换算单位	参数 n	m
A	$T_a(t)$	0.023 594	h	84.938 98	s	1	0
	$T_a(t)/T_\varphi$	1					
B	$T_a(t)$	0.030 539	h	109.939	s	1	0
	$T_a(t)/T_\varphi$	1.294 329					
C	$T_a(t)$	0.049 036	h	176.528 4	s	1	1
	$T_a(t)/T_\varphi$	2.078 297					
D	$T_a(t)$	0.081 508	h	293.427 5	s	1	2
	$T_a(t)/T_\varphi$	3.454 568					

续表

情况分类	指标	值	单位	换算值	换算单位	参数 n	参数 m
E	$T_a(t)$	0.027 778	h	100	s	2	0
	$T_a(t)/T_\varphi$	1.177 316					
F	$T_a(t)$	0.032 849	h	118.256 9	s	2	0
	$T_a(t)/T_\varphi$	1.392 258					
G	$T_a(t)$	0.025 905	h	93.256 93	s	1	0
	$T_a(t)/T_\varphi$	1.097 929					
H	$T_a(t)$	0.032 849	h	118.256 9	s	1	2
	$T_a(t)/T_\varphi$	1.392 258					
	$T_a(t)$	0.035 8	h	128.881 5	s	2	2
	$T_a(t)/T_\varphi$	1.517 342					
I	$T_a(t)$	0.032 533	h	117.117 5	s	1	1
	$T_a(t)/T_\varphi$	1.378 843					
J	$T_a(t)$	0.039 477	h	142.117 5	s	1	2
	$T_a(t)/T_\varphi$	1.673 172					
K	$T_a(t)$	0.046 422	h	167.117 5	s	1	3
	$T_a(t)/T_\varphi$	1.967 501					
L	$T_a(t)$	0.028 856	h	103.881 5	s	2	0
	$T_a(t)/T_\varphi$	1.223 013					
M	$T_a(t)$	0.042 745	h	153.881 5	s	2	2
	$T_a(t)/T_\varphi$	1.811 671					

（注：表中 n 代表车辆通过路段 a 经历红灯次数，m 代表车辆等待时段经历绿灯次数）

2.5.3 可靠性预测

根据表 2-7 得到的预测行程时间与期望行程时间之比，与可接受水平进行比较，获得的数组中小于可接受水平的数量占样本总数的比值称为可接受水平 γ 下时刻 t 车辆通过路段 a 的行程时间可靠性。

本案例中的随机动态路段行程时间可靠性为某一可接受水平 γ 下，14 种预测行程时间与期望行程时间之比小于可接受水平的情况数占总的 14 种情况的比例。结果见表 2-8。

表 2-8 不同可接受水平下的可靠性

γ	1.2	1.3	1.5	2
$R_a(t)$	0.21	0.36	0.57	0.86

对该路段较长出现的三种服务水平等级分别选取某一定值进行预测：

（1）路段服务水平 α 为 D 级，取 $\alpha=0.7$，见表 2-9。

表 2-9 路段服务水平 $\alpha=0.7$ 时不同可接受水平下的随机动态行程时间可靠性

γ	1.2	1.3	1.5	2
$R_a(t)$	0.21	0.36	0.57	0.86

（2）路段服务水平 α 为 C 级，取 $\alpha=0.6$，见表 2-10。

表 2-10 路段服务水平 $\alpha=0.6$ 时不同可接受水平下的随机动态行程时间可靠性

γ	1.2	1.3	1.5	2
$R_a(t)$	0.21	0.21	0.36	0.57

（3）路段服务水平 α 为 B 级，取 $\alpha=0.3$，见表 2-11。

表 2-11 路段服务水平 $\alpha=0.3$ 时不同可接受水平下的随机动态行程时间可靠性

γ	1.2	1.3	1.5	2
$R_a(t)$	0.29	0.29	0.36	0.50

当可接受水平 $\gamma=1.2$ 时，$R_a(t)$ 仅为 0.21~0.29，表明该时刻路段行程时间可靠性较低。造成这一结果的原因有两方面，一方面是由于可接受水平选取过于严苛，另一方面是该服务水平下的期望行程时间设定时，选取的服务水平系数 $J=0.4$，导致期望行程时间较短所致。

相同服务水平下，随着可接受水平数值上升（对实际行程时间超出期望行程时间的豁度增大），路段在时刻 t 的行程时间可靠性增加。这一结果符合常规认知。

当服务水平处于较高水平（α 较小）时，不同服务水平、同一可接受水平 γ 下的行程时间可靠性变化不大，这一结果也证明了，高服务水平下的路段行程时间变化较小，可靠性较高。

2.5.4 模型验证

实测该路段连续 100 个工作日上午 7：30 的路段实际行程时间，对此样本进行有效性筛选之后得到有效样本数（无事故发生、当日当时路段服务水平 $\alpha=0.7$）为 78 个。将此数组与该服务水平下的期望行程时间 $T_\varphi=84.9s$ 代入式（2-40），可得实测行程时间可靠性。

第 2 章 随机动态路段行程时间可靠性研究

表 2-12 路段服务水平 $\alpha=0.7$ 时预测与实测行程时间可靠性对比表

γ	1.2	1.3	1.5	2
预测 $R_a(t)$	0.21	0.36	0.57	0.86
实测 $R_a(t)$	0.22	0.37	0.60	0.85
差值幅度	2%	4%	5%	-1%

将实测可靠性值与预测值对比发现，预测值与实测值差异较小，最大的差值幅度 5% 以内，说明模型拟合度良好，本模型预测路段的随机动态路段行程时间可靠性具有较高的精度，可在一定程度上替代使用大量实测数据的计算模型，尤其是当实测数据不容易获取的情况下，本模型具有很好的预测精度，可供使用。

2.6 本章小结

本章针对实际的道路条件，对有信号控制的路段实际行程时间进行分析。按照信号周期内，车辆所处位置与由于红灯产生的排队的队尾位置之间相对关系，界定路段行驶段与排队段之间的动态分界点，从而重新标定集散波理论下的行驶段行程时间与排队段行程时间，在此基础上获得路段的随机动态行程时间预测集。这样的某一时刻的路段动态行程时间组若能枚举给出，在提供相关参数的条件下，则可以藉此进行随机动态路网条件下的路段行程时间可靠性预测。据此预测结果，进而可验证同一道路在不同的道路服务水平下，行程时间可靠性的变化规律。这样的研究成果将提供一种无需大量数据样本的高精度行程时间可靠性预测方法。

根据本章对随机动态实际行程时间的研究发现，某一时刻 t 车辆通过路段 a 的行程时间具有多种可能，本章以红灯结束时刻车辆所处位置与排队队尾的位置的相对关系为切入点，进行分类讨论，形成对各种可能行程时间构成的数据空间的基本完全覆盖。研究表明，本章提出的模型具有较高的预测精度，在道路投入使用初期、实测数据缺乏或不易获取的情况下，具有很好的实用性。

同时研究发现，随着路段长度的增长，理论分类样本数亦成倍增长。这在一定程度上限制了模型的应用范围，本模型适宜的道路为一般城市道路，路段长度一般在 1 000m 以内。超长的路段或者无信号控制的高速路宜采用传统的行程时间可靠性模型进行计算。

在建立了随机动态路段行程时间、路段行程时间可靠性模型算法的基础上，便可以基于此进行车辆路径选择，具体方法见第 3 章。

第3章 以行程时间可靠性为导向的明确路径集车辆路径优化选择算法研究

本章在随机动态路段行程时间模型及随机动态路段行程时间可靠性模型的基础上构建随机动态路径行程时间模型、随机动态路径行程时间可靠性模型,然后针对明确路径集的车辆路径选择问题利用行程时间及行程时间可靠性设计了三阶段选择模型,并进行案例分析与仿真研究,与理论模型一起形成关于路径选择问题的整体解决方案。

3.1 明确路径集路径选择基础问题模型

明确路径集车辆路径选择问题是指针对单一车辆在一次从起点到终点的出行过程中,具有多条确定的可选路径的选择问题,多见于出行导航中。此问题模型如图3-1所示。

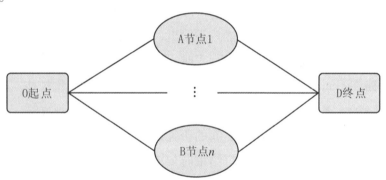

图3-1 基础路径选择模型

模型描述:某一时刻t,车辆从O点出发,要在T_{max}分钟(时间窗上界)内到达终点D。可选路径有n条 $LINE1$:$O-A-D$,…,$LINEn$:$O-B-D$。在随机动态路网条件下,如何选择路径,以确保所选路径具有较高的行程时间可靠性。

传统的明确路径集车辆路径选择算法是根据构成各路径的路段的长度与车辆平均速度,求出各路段的平均行程时间,将构成各路径的路段行程时间加和后,比较各路径的行程时间与时间窗的关系,从而进行路径选择。

这样的路径选择基于确定性交通网络,没有考虑路网条件对车速的影响。在实际路网中:

一方面道路的服务水平与车流速度直接相关,不同的道路服务水平,车辆可以

第3章 以行程时间可靠性为导向的明确路径集车辆路径优化选择算法研究

达到的车速差异颇大，如在其他条件相同的情况下，同样的路径长度，服务水平高的路径车速快，路径行程时间短，被选择的机率大，在期望行程时间设定时就考虑服务水平的影响，对路径选择有重要影响。

另一方面，路网中存在许多复杂的不确定性因素，出行目的、个人偏好影响出行者的出行，导致交通量随机波动；交通事故、自然灾害乃至日常的交通拥堵、道路改造维护，导致路网状态随机波动，即交通流和路网均具有随机性，而且随着时间的变化呈现动态的演变。

路径选择要同时满足路网随机动态性和出行者选择刚性（一旦选择就不愿更改）的要求。

要满足随机动态性要求，最好的情况就是实时计算各可选路径的每单位长度的通行时间（长度除以瞬时车速），然后选择最短时间路径。但是由于车辆不能瞬时完成路径通行，在选择之后一段时间，路网条件发生了变化，需要测算该时刻各可选路径的通行时间，若发现最短时间路径有变换，则修正路径选择，呈现动态的路径选择过程。

通过记录整个行驶过程各路径的通行状况，可以发现：从整体上看，由于更改路径必须在允许通行的下游交叉口处进行，具有调整的滞后性，最终动态调整的路径并不一定是时间最短的路径，经常陷入局部最优的陷阱。同时路径的调整对于出行体验有负面影响，即违背了出行选择刚性。从实际操作角度看，该种实时预测不具有出行指导性。

选择不是目的，达到方为终点。为了减少动态不可控的出行时间带来的负面影响，对于出行可靠性的要求变得极为重要。将行程时间可靠性作为出行前选择路径的第一准则就成为必然。最可靠路径的选择是各路径通行时间在各自可接受水平内的概率：可靠性高的路径意味着选择该路径出行所需要的行程时间与期望的行程时间差异小于可靠性低的路径。这样对于有时间窗限制的路径选择问题，从行程时间可靠性进行分析，可以获得更为有效的选择结果。

随机动态条件下的路径可靠性，从实操角度，就是调查若干次实际出行，获得调查数据进行计算。进一步，从仿真角度，模拟通行环境，通过追踪仿真车辆，来获取仿真统计数据进行计算。更进一步，从理论角度，就是将能计算出的各种随机动态行程时间（见第2章），作为数据来源进行计算。

3.2 随机动态路径行程时间可靠性模型

在第2章，本文建立了随机动态路段行程时间可靠性模型，在此基础上，本章建立随机动态路径行程时间可靠性模型。

3.2.1 时间窗

明确路径集车辆路径选择一般是在某一特定时间阈值内完成的,这一时间阈值称为时间窗。

时间窗为某一路径的计划行程时间区间,表示为:$t \in [0, T_{max}]$,式中 T_{max} 为时间窗上界,时间窗上界一般根据历史经验设定,将时间窗上界设定为预期中 OD 间最大行程时间与根据工作计划留给完成该 OD 间出行的行程时间的权衡值。

时间窗是随机动态路径行程时间的限定约束条件,一般要求 $T_{max} \geq T_a(t)$,否则要检查时间窗设定条件。

3.2.2 随机动态路径行程时间

第三章所建立的随机动态路段行程时间模型是车辆通过路段与下游交叉口所需要的总行程时间,故在此基础上求解随机动态路径行程时间 $T_{L_i}(t)$ 可认为是由构成该路径的各路段的随机动态行程时间 $T_a(t)$ 之和,即

$$T_{L_i}(t) = \sum_{a=1}^{N} T_a(t) \tag{3-1}$$

式中,a——构成路径 i 的各条路段编号,其取值范围为由构成该路径的路段数量决定;

L_i——第 i 条路径。

利用该式可方便的获得目标路径的随机动态路径行程时间。

3.2.3 随机动态路径行程时间可靠性

单一路径可看作串联系统,本书将路径中所有路段的行程时间可靠性之积作为路径的行程时间可靠性,即

$$R_{L_i}(t) = \prod_{ai=1}^{N} P\{T_{ai}(t)/T_{\varphi ai} \leq \gamma, \gamma \geq 1\} \tag{3-2}$$

式中,$T_{ai}(t)$——路径 i 中的路段 a 的随机动态行程时间;

$T_{\varphi ai}$——路径 i 中的路段 a 的期望行程时间;

γ ——可接受水平,取 $\gamma \geq 1$;

ai ——构成路径 L_i 的路段,路径 L_i 共包含 n 个路段。

根据实际测试结果显示,因为该算法考虑了路径的整体特征,所以该算法获得的解优于将各路段的随机动态行程时间、期望行程时间求和之后再求可靠性的计算方法。

3.3 随机动态路径选择模型

依次将期望行程时间、预测行程时间、行程时间可靠性与时间窗进行比对,生

第3章 以行程时间可靠性为导向的明确路径集车辆路径优化选择算法研究

成多级路径优化选择模型,如图3-2所示。

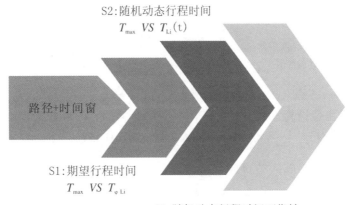

图3-2 明确路径集路径选择模型

Step1:路径选择预判(衡量基准):时间窗 VS 期望行程时间:T_{max} VS $T_{\varphi L_i}$

Step2:初步路径选择(选择途径):时间窗 VS 预测行程时间:T_{max} VS $T_{L_i}(t)$

Step3:修正路径选择(全局最优):行程时间可靠性:$\max R_{L_i}(t)$

在路径选择过程中,预判阶段的期望行程时间是考虑路段服务水平的期望行程时间;初步选择阶段的随机动态行程时间是预测行程时间,不仅考虑路段服务水平,还要考虑路网的随机动态特征;修正阶段进一步增加可接受水平约束条件,避免局部最优。通过三个阶段将路径选择的考虑要素不断完善,决策趋于合理化。

此处将路径集合表示为 PS,且 $PS = \{i \mid i = 1, 2, \cdots, n\}$,其中 i 表示第 i 条路径;另外记"$\vee i$""$\wedge i$"为 Zadeh(扎德)算子,其中"$\vee i$"表示各元素(路径)i 中取大值、"$\wedge i$"表示各元素(路径)i 中取小值。

3.3.1 路径选择预判阶段

预判阶段是明确路径集路径选择的前提,通过将各条路径期望行程时间 $T_{\varphi i}$ 与时间窗上界 T_{max} 的比较,剔除与时间窗要求完全不符的路径,以便将路径选择的范围缩小到一个合理范围之内。预判阶段按照以下规则进行路径筛选。

如果:

(1)各条路径的期望行程时间都在时间窗内,则选择期望行程时间较短的路径为选择方案;

(2)某一条路径的期望行程时间在时间窗内,其他的都在时间窗外,则选择期望行程时间在时间窗内的这条路径;

(3)期望行程时间都在时间窗外,则认为没有可选方案,需要重新界定时间窗。

用公式表示为

$if: T_{\varphi i} \leq T_{\max}, i = 1, 2, \cdots, n, then\ PS = \{i | \bigwedge_{i=1}^{N} T_{\varphi i}\}$

$if: T_{\varphi i} \leq T_{\max}, T_{\varphi j} > T_{\max}, i, j = 1, 2, \cdots, n, i \neq j, then\ PS = \{i\}$

$if: T_{\varphi i} > T_{\max}, i = 1, 2, \cdots, n, then\ PS = \emptyset$

3.3.2 初步路径选择阶段

预测行程时间 $T_{L_i}(t)$ 为一预测值组，取其中的最大值 $T_{i\max}(t)$、最小值 $T_{i\min}(t)$ 为预测行程时间取值区间的上下界，即 $T_{L_i}(t) \in [T_{i\min}(t), T_{i\max}(t)]$，将预测行程时间最大值 $T_{i\max}(t)$ 与时间窗上界 $T_{\max}$ 进行比对后，按照以下规则进行路径选择。

如果：

（1）预测行程时间最大值都在时间窗内，则选择预测行程时间最大值最小的路径为选择方案；

（2）某一条路径的预测行程时间最大值在时间窗内，其他路径的预测行程时间最大值大于时间窗上界，则选择预测行程时间最大值在时间窗内的路径；

（3）预测行程时间最大值都在时间窗外，则比较各条路径的预测行程时间组，其组内各种可能取值在时间窗内的样本数占组内总样本数的比例，选择比例大的路径。

用公式表示为

$if: T_{i\max}(t) \leq T_{\max}, i=1,2,\cdots,n, then\ PS = \{i | \bigwedge_{i=1}^{N} T_{i\max}(t)\}$

$if: T_{i\max}(t) \leq T_{\max}, T_{j\max}(t) > T_{\max}, i,j=1,2,\cdots,n, i \neq j, then\ PS = \{i\}$

$if: T_{i\max}(t) > T_{\max}, i=1,2,\cdots,n, then\ PS = \{i | \bigvee_{i=1}^{N} \{\sum_{j=1}^{k} \{j=1 | T_{i_j}(t) \leq T_{\max}\} / k\}\}$，$T_{i_j}(t)$ 为路径 i 的第 j 个预测行程时间，$j = 1, 2, \cdots, k$。

3.3.3 修正路径选择阶段

使用行程时间可靠性 $r_i(t)$ 对路径选择方案的修正是在初选阶段的基础上进行的。

如果：

（1）预测行程时间最大值都在时间窗内，若预测行程时间最大值小的路径行程时间可靠性高，则选择该路径；若预测行程时间最大值大的路径行程时间可靠性高，根据行程时间可靠性定义：$r_a(t) = P\{T_a(t)/T_\varphi \leq \gamma, \gamma \geq 1\}$，对其进行形式变换，得 $r_a(t) = P\{T_a(t) \leq \gamma T_\varphi, \gamma \geq 1\}$，可知，行程时间可靠性越高，预测行程时间小于期望行程时间的可接受倍数的可能性越高,即行程时间取得较小值得可能性越大。依据安全的前提下追求效率的原则,可以选择预测行程时间最大值大但行程时间可靠性高的路径。总之,若预测行程时间最大值都在时间窗内,则选择行程时间可靠性高的路径。

(2) 某一条路径的预测行程时间最大值在时间窗内,其他路径的在时间窗外,无论该路径的行程时间可靠性是否最高,根据优先满足时间窗的安全限制原则,皆选择该路径。

(3) 预测行程时间最大值都在时间窗外,进一步检查各路径期望行程时间的某一可接受倍数是否都在时间窗,若均在时间窗内,则选择对应行程时间可靠性高的路径;若只有一条路径的该值在时间窗内,则选择该路径;若各路径的该值均超过时间窗上界,则需对时间窗修正后重新计算。

用公式表示为

$if: T_{imax}(t) \leqslant T_{max}, i=1,2,\cdots,n, then\ PS = \{i \mid \bigvee_{i=1}^{N} r_{L_i}(t)\}$

$if: T_{imax}(t) \leqslant T_{max}, T_{jmax}(t) > T, i,j=1,2,\cdots,n, i \neq j, then\ PS = \{i\}$

$if: T_{imax}(t) > T_{max}, i=1,2,\cdots,n, then$

$$PS = \begin{cases} \{i \mid \bigvee_{i=1}^{n} R_{L_i}(t)\}, & \gamma T_{\varphi i} \leqslant T_{max} \\ \{i \mid \gamma T_{\varphi i} \leqslant T_{max}, \gamma T_{\varphi j} > T_{max}\}, & i,j=1,2,\cdots,n, i \neq j \\ \phi, & \gamma T_{\varphi i} > T_{max} \end{cases}$$

通过以上三个阶段的筛选,可最终获得满足时间窗上界要求、且行程时间可靠性高的路径。

此三级选择模型中,行程时间在时间窗内的各条路径的选择问题是重点筛选方案;各路径中只有一条路径的行程时间在时间窗时,可方便的选择其作为目标路径方案;对于备选路径行程时间最大值均高于时间窗上界的情况,需要分情况讨论,也是本算法的难点所在,此时可进行短期内的路径选择,长期来看都需要调整时间窗设置方案。时间窗的调整需要结合预测行程时间与工作计划,尽可能保证调整后的时间窗上界大于预测的行程时间最大值。

3.4 明确路径集路径选择案例分析

在此选取如图3-3所示的三角地块(O—A—B—D—C)进行明确路径集路径选择的案例分析。从O点至D点有两条路径,可作为本文的典型案例。

案例描述:

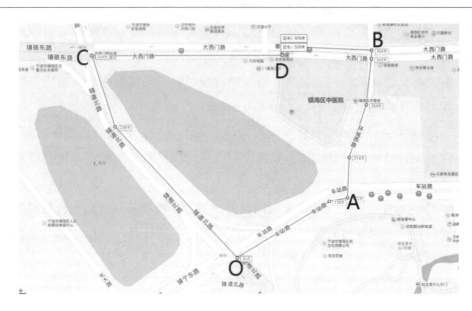

图 3-3 案例区位及路径规划

从隧道北路-车站路节点(起点 O 点)出发,到达中医院(终点 D 点),在车站路-环城西路节点(中间节点 A 点)未设置禁左隔离栏、大西门路(路段 BD 段)未实施单行道之前,有两条路径:

LINE1:车站路—隧道北路节点 O—车站路 OA 段—环城西路 AB 段—大西门路 BD 段—中医院 D(路径: O—A—B—D)

LINE2:车站路—隧道北路节点 O—隧道北路 OC 段—大西门路 CD 段—中医院 D(路径: O—C—D)

取医院门口未形成排队入场的情况。各路径中各关键节点交通信息见表 3-1。

表 3-1 关键节点交通信息表

节点 A	节点 B	节点 C
无信号控制,让行。模型虚拟周期30s,东西向15s,南北向15s	周期57s,南北向绿灯30s,东西向绿灯27s	周期73s,南北向绿灯44s,东西向绿灯29s

根据表 2-6 对本案例的相关变量进行标定(见表 3-2)。

表 3-2 路径选择案例相关变量标定表

序号	变量符号	单位	变量数值				
			OA	AB	BD	OC	CD
1	L	km	0.163	0.191	0.116	0.324	0.246
2	Level		干道	集散路	集散路	干道	集散路
3	α		0.7	0.5	0.7	0.7	0.7
4	J		0.4	1.0	1.0	0.4	1

第3章 以行程时间可靠性为导向的明确路径集车辆路径优化选择算法研究

续表

序号	变量符号	单位	变量数值 OA	AB	BD	OC	CD
5	v_0	km/h	60	30	30	40	30
6	re		1	0.8	0.8	1	0.8
7	w_0	m	3.5	3.5	3.5	3.5	3.5
8	η		1	1	1	1	1
9	S_0		0.5	0.53	1	0.60	1
10	S		0.6965	0.7383	1.393	0.8358	1.393
11	v_a^f	km/h	41.79	17.72	33.43	33.43	33.432
12	v_a	km/h	21.62	8.86	10.13	17.29	10.03
13	T_0	s	14	39	12	35	26
14	T_φ	s	27	78	42	67	88
15	T_c	s	30	57	—	73	—
16	r	s	15	27	—	29	—
17	g	s	15	30	—	44	—
18	S_a	m	6	6	—	6	—
19	T_1	s	2.3	2.3	—	2.3	—
20	T_{sr}	s/veh	2.65	2.65	—	2.65	—
21	φ		0.9	0.9	—	0.9	—
22	Q_{s0}	veh/h	625	651	—	742	—
23	N_1	条	1	1	—	1	—
24	$Q_a(t)$	veh/h	625	651	—	742	—
25	k_a^j	veh/(km·lane)	166	166	—	166	—
26	$x_a^{up}(t)$	veh/h	437	325	—	519	—
27	$w_{stop}(t)$	km/h	18.55	5.95	—	13.21	—
28	$k_a^{up}(t)$	veh/(km·lane)	143.07	111.99	—	127.30	—

(注:表中 BD,CD 段以目的地为重点,无信号、无让行,故设定该段以行驶状态运行,预测行程时间即为期望行程时间,本表变量在表2-6基础上增加了道路等级 level 的描述。)

结合上述变量标定结果,根据随机动态路段行程时间预测模型,给出各路段的预测行程时间离散集,见表3-3。

表3-3 各路段预测行程时间离散集表

分类序号	n	m	预测行程时间				
			OA	AB	BD(T_φ)	OC	CD(T_φ)
1	1	1	27	78	42	67	88
2	1	1	42	105	42	96	88
3	1	1	29	131	42	80	88
4	1	2	44	158	42	109	88
5	2	1	60	114	42	146	88
6	2	1	57	125	42	129	88
7	1	1	42	95	42	85	88
7	1	2	57	122	42	114	88
8	2	2	72	152	42	158	88
9	1	1	27	68	42	56	88
10	1	2	42	95	42	85	88
10	1	3	57	122	42	114	88
11	2	1	57	125	42	128	88
12	2	2	87	179	42	186	88

根据路段行程时间离散集表,对各路段行程时间关键指标进行统计见表3-4。

表3-4 路径行程时间参数表

路径	路段	时间窗 s	期望行程时间 s	预测行程时间区间 s	行程时间可靠性($\gamma=2$)	
					路段	路径
LINE1	OA	[0,350]	27	[27,87]	0.5	0.43
LINE1	AB	[0,350]	78+27	[68,179]	0.86	0.43
LINE1	BD		42	42	1	
LINE2	OC		67+29	[56,186]	0.79	0.79
LINE2	CD		88	88	1	

按照本章给出的明确路径集路径选择的三级选择算法,对本案例进行路径选择,见表3-5~3-7。

第3章 以行程时间可靠性为导向的明确路径集车辆路径优化选择算法研究

表 3-5 路径选择预判阶段

路径	时间窗 T/s	期望行程时间 $T_{\varphi i}$/s	指标对比	判 断	路径选择
LINE1	[0,350]	174	$T_{\varphi 1} < T$	$T_{\varphi 1} < T_{\varphi 2}$	√
LINE2		184	$T_{\varphi 2} < T$		×

表 3-6 路径选择初选阶段

路径	时间窗 T/s	预测行程时间 $T_{i\max}(t)$/s	指标对比	判 断	路径选择
LINE1	[0,350]	308	$T_{1\max}(t) < T$	$T_{1\max}(t) > T_{2\max}(t)$	×
LINE2		274	$T_{2\max}(t) < T$		√

表 3-7 路径选择修正阶段

路径	时间窗 T/s	预测行程时间 $T_{i\max}(t)$/s	指标对比	行程时间可靠性 $r_i(t)$	判 断	路径选择
LINE1	[0,350]	308	$T_{1\max}(t) < T$	0.43	$r_1(t) < r_2(t)$	×
LINE2		274	$T_{2\max}(t) < T$	0.79		√

根据表 3-5 和表 3-6，本案例为各路径期望行程时间、预测行程时间均在时间窗内的情况。

在第一阶段，两条路径的期望行程时间均小于时间窗上界，而 LINE1 的期望行程时间较小，依据模型，初始阶段路径选择为 LINE1；

在第二阶段，两条路径的预测行程时间最大值均小于时间窗上界，而 LINE2 的预测行程时间最大值较小，依据模型修正阶段路径选择为 LINE2；

在第三阶段，LINE2 的行程时间可靠性更高，则依据模型，最终确认路径选择为 LINE2。

对于本案例未涉及的其他情况的说明：

（1）各条路径期望行程时间、预测行程时间不全在时间窗内的情况较为简单，排除预测行程时间最大值不在时间窗内的路径，选择行程时间最大值小于时间窗的路径即可；

（2）各条路径期望行程时间、预测行程时间全不在时间窗内的情况，反面证明了时间窗设置的不合理，需跳转至时间窗设定阶段，进行时间窗修正后，再按照本模型方法进行路径选择分析。

分析以上算法过程，可知本模型避免了只利用路径长度、限速等几个有限信息来进行路径选择的不全面性；使用期望行程时间、随机动态行程时间、随机动态行程时间可靠性指标来进行路径选择，通过三步比对有效地将道路的服务水平、路网的随机动态信息考虑在路径选择的条件中，将微观角度的路径选择问题的求解在全面性、准确性及实用性方面进行了提升。

基于随机动态行程时间可靠性的剖析角度：一方面最大限度地提升所选择路径的准确性，避免局部最优；另一方面对于科学设定路径时间窗也有直接的参考作用，最终有利于选出高可靠性的路径作为选择方案。

3.5 明确路径集车辆路径优化选择算法仿真研究

为了校验三阶段路径选择模型的有效性，同时将车辆间的相互影响、车道选择带来的行程时间差异等难以量化的问题纳入研究体系，使用仿真软件构建对应的仿真模型，与理论模型一起形成关于路径选择问题的整体解决方案。

3.5.1 仿真研究的必要性分析

对于明确路径集车辆路径选择问题，在随机动态网络条件下，必须考虑各种因素影响。前文建立的行程时间可靠性模型，将路段长度 L、车道宽度 w_0、路段服务水平 α、设计车速 v_0、自由流速度 v_a^f、非拥挤状态下的行程速度 $v_a(t)$、信号周期 T_c、红灯时长 r、绿灯时长 g、路段上每辆车的平均空间长度 S_a、绿灯亮后第一辆车通过停车线的时间 T_1、直行或右行车辆通过停车线的平均时间 T_{sr}、一条直行车道的理论通行能力 Q_{s0}、车道数 N_1、交叉口的通行能力 $Q_a(t)$、阻塞密度 k_a^j、上游的驶入车流量 $x_a^{up}(t)$、停车波波速 $w_{stop}(t)$、路段 a 上游的交通流密度 $k_a^{up}(t)$、道路服务水平参数 J、非机动车折减系数 re、交叉口有效通行时间比 S_0、交叉口影响系数 S、折减系数 φ、车道宽度影响系数 η 等诸多要素都进行了系统分析，将其作为变量纳入所建立的模型中，使得据此进行的路径选择方案具有了较高的可靠性。

然而，单纯的理论分析对于随机动态行程时间的研究是有限的，不能反映车辆间的相互影响、不能反映车道变换带来的行程时间差异，大部分的参数标定虽然进行了各种交通条件下的分类分析，但最终也只能固定某一取值，是离散的。针对这种情况，使用 Aimsun 这一微观仿真软件，针对某一实际的路径选择问题进行微观仿真建模，由于仿真车辆的行程时间、车速等参数是连续的，更加符合实际情况，同时可以有效的将车辆间的相互影响、不同车道变换带来的交通流波动等扰动因素的影响纳入考虑范围，基于此使用三阶段法进行路径选择，从仿真角度验证理论模型的有效性验证有效，则可以最终建立一种已知路网条件，便可用仿真模型结合理论算法进行路径选择的预判系统。

3.5.2 理论模型与仿真模型变量设定比对分析

仿真模型能够将理论方法中的非理论化要素具象化，使用仿真模型验证及联立理论模型，首先需要对理论模型与仿真模型的异同进行比对，以确定仿真模型所生

第3章 以行程时间可靠性为导向的明确路径集车辆路径优化选择算法研究

成数据与理论模型所需求数据的一致性及差异。

将第三章理论模型建立过程中涉及的多个变量,与 Aimsun 这一微观仿真软件建模过程中需要的变量做出对比分析,其结果见表3-8。

表3-8 理论模型与仿真模型需标定变量比对表

序 号	变量名称/单位	理论模型	仿真模型
1	L 路段长度/km	√	√
2	Level 路段等级	√	√
3	α 路段服务水平	√	×
4	OD 分布	×	√
5	J 服务水平参数	√	×
6	v_0 设计车速/(km·h^{-1})	√	√
7	re 非机动车折减系数	√	×
8	w_0 车道宽度/m	√	√
9	η 车道宽度影响系数	√	×
10	S_0 交叉口有效通行时间比	√	√
11	S 交叉口影响系数	√	×
12	v_a^f 自由流速度/(km·h^{-1})	√	×
13	$v_a(t)$ 行驶状态下的行程速度/(km·h^{-1})	√	×
14	T_0 自由流行程时间/s	√	×
15	T_φ 期望行程时间/s	√	×
16	T_c 信号周期/s	√	√
17	r 红灯时长/s	√	√
18	g 绿灯时长/s	√	√
19	S_a 路段上每辆车的平均空间长度/m	√	√
20	T_1 绿灯亮后第一辆车通过停车线的时间/s	√	×
21	T_{sr} 车辆通过停车线的平均时间/(s·veh^{-1})	√	×
22	φ 车道折减系数	√	√
23	Q_{S0} 单车道理论通行能力/(veh·h^{-1})	√	√
24	N_l 车道数/条	√	√

续表

序号	变量名称/单位	理论模型	仿真模型
25	$Q_a(t)$ 交叉口的通行能力/(veh·h^{-1})	√	√
26	k_a^j 阻塞密度/(veh·km^{-1}·lane^{-1})	√	√
27	$x_a^{up}(t)$ 上游的驶入车流量/(veh·h^{-1})	√	×
28	$w_{stop}(t)$ 停车波波速/(km·h^{-1})	√	×
29	$k_a^{up}(t)$ 路段 a 上游的交通流密度/(veh·km^{-1}·lane^{-1})	√	×

注：在表 2-6 基础上增加了 Level 路段等级及 OD 分布。

对比仿真模型变量标定需求与明确路径集车辆路径选择理论模型算法需要的变量标定情况，结合各变量在模型构建中所起作用的不同，对涉及变量进行分类分析。

将所有变量划分为五类，结合第 3.4 节路径选择案例进行变量及数据比对分析。

1. 几何指标比对分析

几何指标，指对象道路的基本特征，为模型的基础构成条件。理论模型与仿真模型在构建案例涉及的道路条件时，所标定的几何参数指标需要完全一致，以保障理论模型与仿真模型具有同样的模型真实度。参数见表 3-9。

表 3-9 几何指标比对表

指标	类别	变量数值				
		OA	AB	BD	OC	CD
道路等级		干道	集散路	集散路	干道	集散路
行进方向车道数		3	1	1	2	1
路径使用车道		1直左	1左直右	1直	1直右	1直
路段长度（含下游交叉口行进段）/km	理论值	0.163	0.191	0.116	0.324	0.246
	仿真值	0.163	0.191	0.116	0.324	0.246
车道宽度/m	理论值	3.5	3.5	3.5	3.5	3.5
	仿真值	3.5	3.5	3.5	3.5	3.5

根据上表可知，此处建立的理论模型与仿真模型在几何指标方面具有统一性，理论模型与仿真模型的几何指标皆可信。

2. 性能指标比对分析

性能指标，指车辆及道路本身的运行特征，是构成模型的关键变量。

第3章 以行程时间可靠性为导向的明确路径集车辆路径优化选择算法研究

理论模型与仿真模型在构建案例涉及的道路参数时,所标定的性能参数指标可能会产生差异。

理论模型的性能指标是确定的参数,而仿真模型的性能指标由于仿真车辆生成的随机性、车辆行为的相互影响,所提取的性能参数具有随机动态特征。参数见表3-10。

表3-10 性能指标比对表

指 标	比对项	获取方式	变量数值				
			OA	AB	BD	OC	CD
车道限速/(km·h^{-1})	理论值		60	30	30	40	30
	仿真值	查验车道属性	60	30	30	40	30
自由流速度/(km·h^{-1})	理论值	$v_a^f = reS\eta v_0$	41.79	17.72	33.43	33.43	33.432
	仿真值	单车仿真属性,各车值均有波动					
<u>行驶状态下的行程</u> km·h^{-1}	理论值	$v_a(t) = \dfrac{v_a^f}{1 + J\left(\dfrac{\alpha}{1-\alpha}\right)}$	21.62	8.86	10.13	17.29	10.03
	仿真值	单车仿真属性,各车值均有波动					
自由流行程时间/s	理论值	$T_0 = \dfrac{L}{v_a^f}$	14	39	12	35	26
	仿真值	小车流单车追踪					
期望行程时间/s	理论值	$T_\varphi = T_0\left[1 + J\left(\dfrac{v}{c-v}\right)\right]$	27	78	42	67	88
	仿真值	大车流单车追踪					
一条车道的理论通行能力/(veh·h^{-1})	理论值	$Q_{s0} = \dfrac{3\,600}{T_c}\left(\dfrac{g-T_1}{T_{sr}} + 1\right)\varphi$	625	651	800	742	800
	仿真值	查验车道属性	625	651	800	742	800
交叉口路径车道通行能力/(veh·h^{-1})	理论值		625	651	800	742	800
	仿真值	查验车道属性	625	651	800	742	800
<u>阻塞密度</u> (veh·km^{-1}·lane^{-1})	理论值		166	166	166	166	166
	仿真值	查验车道属性	166	166	166	166	166

根据上表可知,建立的理论模型性能参数均需要给定某一确定值,否则无法进行演算,而仿真模型中各随机动态性能指标均无法给出定值,具有时变特征,只有

· 63 ·

车道限速、通行能力、阻塞密度等性能指标具有固定取值,且与理论模型统一,故理论模型与仿真模型的性能参数皆可信。

3. 控制变量比对分析

控制变量指标,指对车辆运行产生影响的外部车流特征及交通控制条件。

理论模型与仿真模型在构建案例涉及的道路参数时,所标定的控制变量指标由于受到外部车流的影响可能会产生差异。参数见表3-11。

表3-11 控制变量比对表

指 标	比对项	变量数值				
		OA	AB	BD	OC	CD
服务水平	理论值	0.7	0.5	0.7	0.7	0.7
	仿真值在期望值附近波动					
信号周期/s	理论值	30	57	/	73	/
	仿真值	30	57	/	73	/
红灯时长/s	理论值	15	27	/	29	/
	仿真值	15	27	/	29	/
绿灯时长/s	理论值	15	30	/	44	/
	仿真值	15	30	/	44	/
路段上每辆车的平均空间长度/m	理论值	6	6	6	6	6
	仿真值,存在变化,3.9-6.1					
上游的驶入车流量($veh \cdot h^{-1}$)	理论值	437	325	/	519	/
	仿真值,波动变化					
路段a上游的交通流密度 $veh \cdot km^{-1} \cdot lane^{-1}$	理论值	143	112	/	127	/
	仿真值,波动变化					

根据上表可知,理论模型的控制变量指标是确定的参数,是固定的;而仿真模型的控制变量指标中,反映交通控制条件的外部控制变量与理论模型一致,反映外部车流特征的控制变量由于其随机动态性,其值是随机波动的。

4. 控制系数比对分析

为相关控制系数指标,指相关变量设定中需要指定的相关系数。

理论模型与仿真模型在构建案例涉及的道路参数时,所标定的相关控制系数指标应一致。参数见表3-12。

第3章 以行程时间可靠性为导向的明确路径集车辆路径优化选择算法研究

3-12 相关控制系数比对表

指标	对比项	变量数值				
		OA	AB	BD	OC	CD
国道宽度影响系数	理论值	1	1	1	1	1
	仿真值	1	1	1	1	1
交叉口有效通行时间比	理论值	0.5	0.53	1	0.60	1
	仿真校核绿灯时长占周期的比例	0.5	0.53	1	0.60	1
交叉口影响系数	理论值 $S = S_0 (0.00131 + 0.73)$	0.6965	0.7383	1.393	0.8358	1.393
	仿真值	0.6965	0.7383	1.393	0.8358	1.393

根据上表可知，建立的理论模型与仿真模型在相关控制系数指标方面具有统一性，理论模型与仿真模型的几何参数皆可信。

5. 非仿真设置变量分析

非仿真设置变量，指在仿真模型中不直接标定的变量。

理论模型与仿真模型在构建案例涉及的道路参数时，部分指标由于仿真软件的开发原理限制，不能直接设置，其值的影响称为仿真模型与理论模型的误差项。参数见表3-13。

表3-13 仿真不直接标定变量

指标	处理	变量数值				
		OA	AB	BD	OC	CD
服务水平系数	系统自动匹配、连续变化	0.4	1.0	1.0	0.4	1
非机动车折减系数	仿真无非机动车，最后误差分析时候考虑	1	0.8	0.8	1	0.8
车道通行能力折减系数	仿真模型直接标定车道通行能力	0.9	0.9	/	0.9	/
绿灯亮后第一辆车通过停车线的时间/s	仿真无此参数，误差项	2.3	2.3	/	2.3	/
车辆通过停车线的平均时间/（s·veh^{-1}）	仿真无此参数，误差项	2.65	2.65	/	2.65	/

由表3-13可知，由于方法的差异，建立的理论模型与仿真模型存在误差项，在模型结论分析时需要考虑误差项的影响。

3.5.3 案例仿真模型

仿真模型根据现场实测的空间数据、施工图及理论模型参数设定进行构建，设置诱导路径，观察仿真车辆均为标准小汽车（PCU）。利用仿真模型进行行程时间预测是比理论随机动态行程时间预测更具象化的行程时间预测方法。

案例路径中各关键节点的仿真模型及参数设置如图3-4所示。

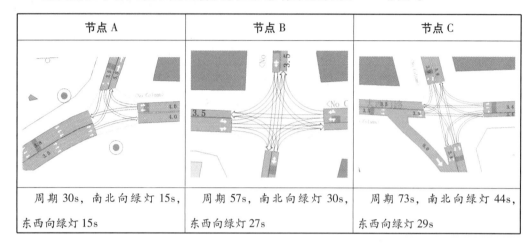

图3-4 关键节点交通信息表

根据现场出行需求问询结果，在仿真模型中绘制型心点；根据现场车流量调查数据，在仿真模型中建立相应的OD矩阵，型心点及OD矩阵见表3-14所示。

表3-14 仿真区域高峰小时OD表

ID	2671	2806	2810	2813	2816	2819	2822	2825	2828	总计
2668	600	0	0	0	0	0	0	0	0	600
2806	0	0	200	200	200	500	100	100	0	1 300
2810	0	100	0	200	200	1 500	300	300	20	2 620
2813	0	100	200	0	100	200	200	200	50	1 050
2816	0	200	300	200	0	100	0	300	200	1 300
2819	0	100	300	100	200	0	200	300	100	1 300
2822	0	0	100	10	0	0	0	200	0	310
2825	0	0	0	0	300	100	500	0	20	920
2828	0	0	0	0	0	0	200	0	0	300
总计	600	500	1 100	710	1 100	2 400	1 300	1 600	390	9 700

在仿真模型构建完毕之后，可提取出模型中两条任务路径的总体仿真参数表，见表3-15。

第3章 以行程时间可靠性为导向的明确路径集车辆路径优化选择算法研究

表 3-15 仿真路径总体情况表

起点型心点	入口	讫点型心点	出口	最短路径	百分比	成本	出行时间/s	距离/m
2668	322	2671	1185	1	100%	45.4806	41.346	469.513
2668	328	2671	1184	1	100%	59.5735	54.1577	569.835

仿真模型对比于理论模型的优点之一是可以方便快捷的通过修改 OD 表及诱导关系来调整路网上的交通流量,以便于观察不同流量下的交通运行状态。

接下来对自由流状态及仿真模拟状态的模型交通表现进行分析。自由流状态的仿真方案能够对仿真模型的有效性进行检验;仿真模拟状态的仿真方案则进行仿真路径选择。

1. 自由流状态仿真分析

模拟自由流状态,将仿真模型中的路网流量设置在很低水平,将路网中研究路径上的起讫点之外的交通量归零,只保留 LINE1、LINE2 两条路径上的很低密度的车流量,使得各相关路段的服务水平处于 A 级(我国建设项目交通影响评价技术标准中划定的服务水平)以上,保证各车辆间没有相互干扰,取消路径中各交叉口的信号控制,可认为仿真车辆在自由流状态下行驶。

在仿真模型中在两条路径中各随机获取 10 台仿真车辆的行程信息,见表 3-16、表 3-17。

表 3-16 LINE1 自由流车辆行程时间样本统计

车辆编号	出发时间	达到时间	样本行程时间
10000182	07:02:19	07:03:06	00:47:00
10000193	07:03:20	07:04:10	00:50:00
10000210	07:04:12	07:05:00	00:48:00
10000225	07:05:35	07:06:12	00:37:00
10000238	07:06:25	07:07:03	00:00:38
10000246	07:07:18	07:08:07	00:00:49
10000284	07:09:08	07:09:52	00:00:44
10000300	07:09:51	07:10:38	00:00:47
10000316	07:10:39	07:11:20	00:00:41
10000333	07:11:32	07:12:15	00:00:43

表3-17 LINE2自由流车辆行程时间样本统计

车辆编号	出发时间	达到时间	样本行程时间
10000341	07：12：35	07：13：33	00：00：58
10000361	07：13：48	07：14：49	00：01：01
10000372	07：14：52	07：15：56	00：01：04
10000426	07：17：57	07：18：53	00：00：56
10000427	07：17：57	07：18：55	00：00：58
10000428	07：18：10	07：19：10	00：01：00
10000452	07：19：18	07：20：15	00：00：57
10000453	07：19：29	07：20：23	00：00：54
10000457	07：19：42	07：20：37	00：00：55
10000458	07：19：48	07：20：37	00：00：49

对以上两条路径的自由流车辆行程时间进行统计分析，结果见表3-18。

表3-18 自由流行程时间统计表

项 目	算 法		LINE1	LINE2
理论计算的自由流行程时间/s	$T_0 = \dfrac{L}{v_a^f} = \dfrac{L}{reS\eta\, v_0}$		65	61
仿真获得的自由流行程时间/s	样本区间		[37, 50]	[49.64]
	均值		44	57

分析上表发现，仿真状态与理论状态数据结果存在差异，造成这一差异的原因在于，仿真时没有考虑非机动车折减系数 re、对交叉口影响系数 S 没有进行标定。基于以上情况，自由流车速在仿真时被客观上放大了，导致仿真的自由流行程时间小于理论计算值。

由于仿真车辆车道选择的随机性及变道行为的发生，导致各仿真车辆的自由流行程时间存在差异。

期望行程时间是考虑服务水平的行程时间，理论计算可以直接标定服务水平，但仿真时服务水平具有随机波动性，若附加一定交通量，由于车辆间的相互影响及车道选择的随机性，则仿真获得的车辆期望行程时间波动较大。同时，期望行程时间考虑了信号控制的影响，而若在自由流仿真模型中进行信号控制，仿真方案即成为与预测行程时间相对应的仿真方案。

第3章 以行程时间可靠性为导向的明确路径集车辆路径优化选择算法研究

2. 模拟状态仿真分析

通过自由流状态仿真将仿真模型调整到符合实际交通运行情况的状态后,将相应的交通控制策略、车流量等内外部条件附加在仿真模型上,进行完全状态的仿真分析。但要注意,由于以下原因,仿真模型不能完全达到理论状态:

(1) 理论计算的绿灯亮后第一辆车通过停车线的时间 t_1、车辆通过停车线的平均时间 t_{sr} 在仿真系统中无专门设置项,其值由仿真车辆加速度决定;

(2) 理论计算的非机动车折减系数 re,在仿真模型中由于没有非机动车仿真,产生误差;

(3) 由于仿真车辆数据获取方式为人工在仿真车辆出现后设置观察点、在车辆消失前设置观察点,导致获取的车辆行程时间普遍比实际车辆行程时间少 2~4s;

(4) 理论计算无法考虑车辆间的相互影响,仿真模型中车辆间的相互影响、以及行驶中车道的随机选择都会影响车辆的行程时间;

(5) 理论计算考虑道路服务水平的纯理论状态,将服务水平固定在某个值上,仿真模型由于车流的随机动态变化,仿真车辆在行驶过程中,路段服务水平始终处于波动状态,此处将通过实测调查获取的 OD 分配作为仿真的 OD 来保证路网服务水平在总体上与理论计算的服务水平参数保持一致。

然而,此处是针对路径选择的研究,在此目标前提下,具体的数值差异不影响选择比对,因此,仿真模型仍可用于路径选择的研究。

在此基础上,对构建的模型进行仿真,在两条路径上,随机各抽取 51 台仿真车辆,其行程时间见表 3-19、表 3-20。

表 3-19 LINE1 仿真状态车辆行程时间样本统计

车辆编号	出发时间	达到时间	样本行程时间	车辆编号	出发时间	达到时间	样本行程时间
10000414	07:01:55	03:39.0	01:44.00	10001399	07:15:00	07:19:54	00:04:54
10000447	02:03.00	03:44.0	01:41.00	10001504	07:15:09	07:19:26	00:04:17
10000741	04:52.00	06:59.0	02:07.00	10001227	07:12:12	07:15:34	00:03:22
10000752	07:04:57	07:07:02	02:05.00	10001781	07:17:54	07:22:38	00:04:44
10000780	07:05:30	07:07:52	00:02:22	10001851	07:18:11	07:22:32	00:04:21
10000858	07:05:50	07:07:47	00:01:57	10001915	07:18:55	07:23:29	00:04:34
10001077	07:08:36	11:14.2	00:02:38	10002053	07:20:10	07:24:50	00:04:40
10001114	07:08:42	07:11:08	00:02:26	10002106	07:20:46	07:25:24	00:04:38
10001140	07:09:33	07:12:31	00:02:58	10002175	07:20:51	07:25:01	00:04:10
10001147	07:09:33	07:12:28	00:02:55	10002271	07:21:04	07:24:46	00:03:42

续表

车辆编号	出发时间	达到时间	样本行程时间	车辆编号	出发时间	达到时间	样本行程时间
10001187	07:10:26	07:13:39	00:03:13	10002739	07:25:48	07:30:25	00:04:37
10003020	07:11:13	07:14:27	00:03:14	10002794	07:26:38	07:31:33	00:04:55
10003060	07:12:31	07:16:47	00:04:16	10004291	07:07:38	07:10:07	00:02:29
10003415	07:12:39	07:13:37	00:00:58	10004305	07:07:42	07:10:04	00:02:22
10003497	07:17:10	07:21:53	00:04:43	10004345	07:08:22	07:10:56	00:02:34
10005579	07:13:06	07:15:59	00:02:53	10004508	07:10:44	07:14:16	00:03:32
10005970	07:18:09	07:22:31	00:04:22	10004750	07:12:24	07:15:34	00:03:10
10016818	07:13:12	07:16:59	00:03:47	10004648	07:13:21	07:18:13	00:04:52
10016959	07:15:03	07:19:27	00:04:24	10005196	07:17:15	07:21:45	00:04:30
10017066	07:16:14	07:20:54	00:04:40	10005232	07:17:55	07:22:44	00:04:49
10017083	07:16:59	07:22:13	00:05:14	10005248	07:17:57	07:22:39	00:04:42
10018473	07:06:40	07:08:35	00:01:55	10005799	07:21:55	07:25:50	00:03:55
10018739	07:10:42	07:14:13	00:03:31	10005834	07:22:05	07:25:56	00:03:51
10000304	07:02:03	07:03:30	00:01:27	10005885	07:22:38	07:26:42	00:04:04
10000401	07:03:00	07:04:33	00:01:33	10005905	07:22:42	07:26:44	00:04:02
10000422	07:03:36	07:05:36	00:02:00				

表3-20 LINE2仿真状态车辆行程时间样本统计

车辆编号	出发时间	达到时间	样本行程时间	车辆编号	出发时间	达到时间	样本行程时间
10000455	07:01:27	02:28.0	00:01:01	10019043	07:11:58	07:14:15	00:02:17
10000505	07:02:37	07:04:26	00:01:49	10000288	07:02:21	07:04:16	00:01:55
10000760	07:04:04	07:05:11	00:01:07	10000458	07:03:33	07:05:14	00:01:41
10000784	07:04:08	07:05:08	00:01:00	10001497	07:14:31	07:18:11	00:03:40
10003052	07:09:33	07:10:55	00:01:22	10001253	07:11:03	07:13:06	00:02:03
10003110	07:09:50	07:10:58	00:01:08	10001318	07:11:15	07:13:04	00:01:49
10003173	07:10:03	07:10:58	00:00:55	10001379	07:12:39	07:15:24	00:02:45
10003733	07:15:56	07:17:22	00:01:26	10001780	07:16:04	07:18:59	00:02:55
10003755	07:15:57	07:17:13	00:01:16	10001863	07:17:06	07:20:19	00:03:13
10003854	07:16:48	07:18:04	00:01:16	10001905	07:17:10	07:20:06	00:02:56
10004046	07:18:18	07:19:18	00:01:00	10002256	07:20:40	07:24:05	00:03:25
10004077	07:18:40	07:19:43	00:01:03	10002411	07:23:08	07:27:49	00:04:41

第3章 以行程时间可靠性为导向的明确路径集车辆路径优化选择算法研究

续表

车辆编号	出发时间	达到时间	样本行程时间	车辆编号	出发时间	达到时间	样本行程时间
10005922	07:14:50	07:16:18	00:01:28	10002401	07:23:11	07:27:58	00:04:47
10005940	07:15:00	07:16:28	00:01:28	10002481	07:23:27	07:27:51	00:04:24
10005982	07:15:36	07:17:20	00:01:44	10002505	07:24:18	07:29:15	00:04:57
10006031	07:16:10	07:18:02	00:01:52	10004371	07:07:38	07:09:18	00:01:40
10006313	07:18:16	07:19:39	00:01:23	10004453	07:07:38	07:08:33	00:00:55
10006379	07:18:30	07:19:37	00:01:07	10004453	07:08:24	07:09:58	00:01:34
10006523	07:19:57	07:21:08	00:01:11	10004711	07:11:03	07:13:05	00:02:02
10006638	07:20:53	07:22:01	00:01:08	10004776	07:11:16	07:13:06	00:01:50
10017046	07:12:20	07:13:19	00:00:59	10004812	07:12:00	07:14:20	00:02:20
10017366	07:15:03	07:16:11	00:01:08	10004835	07:12:39	07:15:24	00:02:45
10018386	07:06:27	07:08:44	00:02:17	10005185	07:15:51	07:19:03	00:03:12
10018425	07:06:37	07:08:50	00:02:13	10005548	07:18:31	07:21:07	00:02:36
10018693	07:08:24	07:09:58	00:01:34	10005836	07:23:07	07:27:58	00:04:51
10018722	07:09:37	07:12:08	00:02:31				

结合理论预测，对以上两条路径的车辆行程时间仿真结果进行统计分析，见表 3-21。

表 3-21 路径行程时间及可靠性统计表

项　目	参　数	LINE1	LINE2
理论计算的行程时间/s	预测区间	[137, 308]	[144, 274]
	期望值	174	184
	可靠性	0.5	0.79
仿真获得的行程时间/s	样本区间	[58, 314]	[55, 297]
	均值	208	127
	可靠性	0.45	0.63

依据明确路径集路径选择算法对两条路径仿真结果分析：

STEP1：期望行程时间：LINE1 > LINE2，据此路径选择为 LINE2；

STEP2：预测行程时间：LINE1 上界 > LINE2 上界，据此路径选择为 LINE2；

STEP3：随机动态行程时间可靠性：LINE1 < LINE2，据此路径选择为 LINE2。

则仿真模型结果与理论模型一致，LINE2 作为路径选择方案。

对理论算法与仿真模型结果进行比较分析。

(1) 行程时间准确性方面。

笔者于 2015 年 7 月 26 日对该区域的交通流进行了调查,其时路网状况及交通控制方式均为本书设定的方式,在两条路径上各收集了 15 台车的行程时间,LINE1 的行程时间处于区间 [125, 265]、LINE2 的行程时间处于区间 [118, 225],将这一数据与仿真数据比较可知,仿真方案覆盖实际调查值,仿真方案有效。

同时,仿真方法在参数设定准确的基础上,直接得到的是路径的行程时间,比理论计算方法分段获取行程时间的方法更具整体优势,理论模型中对构成路径的各路段进行分段计算,将交叉口的影响进行了分解。

(2) 路径选择方面。

理论模型中依据期望行程时间选择的是 LINE1,依据预测行程时间及随机动态行程时间可靠性均选择 LINE2;仿真模型中依据平均行程时间、预测行程时间及随机动态行程时间可靠性均选择 LINE2。可见此例中按照仿真结果进行路径选择具有更好的一致性。

仿真结果的交通工程分析如下。

1) 总体特征:LINE2 的路径长度长于 LINE1,但 LINE2 的各方面的交通表现都优于 LINE1,在对路段长度、车道宽度、路段服务水平、设计车速、信号周期、红灯时长、绿灯时长、路段上每辆车的平均空间长度、一条直行车道的理论通行能力、车道数、交叉口的通行能力、阻塞密度等变量进行全面分析的基础上,认为这些变量相当的情况下,路径上交叉口的数量是该路径交通表现的关键影响因素,即同等长度的两条路径,具有较多交叉口的路径的行程时间一般较长,且该路径的随机动态行程时间可靠性较低;

2) 局部特征:车流量较大的 T 型交叉口,无论是采用让行规则还是设置信号灯管理,当交通量大到一定程度后,该交叉口均会率先成为拥堵节点,如本文案例的 A 点随着路网交通流量的增长,A 点在多次仿真模型中均率先出现拥堵,导致交通秩序紊乱。笔者 2015 年对该区域的实际调查显示,A 点是区域一大堵点,对车辆行程时间影响很大,笔者提出了将该交叉口禁左的优化建议,目前该节点已采用硬隔离方式禁左。

3.6 本章小结

对于有时间窗限制的随机动态路网条件下的明确路径集路径选择问题,为了综合考虑道路服务水平、随机动态路网的特性等道路信息,避免由于信息利用不全产生的错误判读,在此使用随机动态行程时间可靠性作为选择判断的关键依据。

第3章 以行程时间可靠性为导向的明确路径集车辆路径优化选择算法研究

此处建立了使用期望行程时间（第一阶段，利用服务水平）、预测行程时间（第二阶段，考虑随机动态路网特征）、随机动态行程时间可靠性（第三阶段，所有信息的综合利用）比对时间窗逐级分解、逐层递进的路径选择模型。

通过案例分析表明本模型在小型路网分析中具有较高的实用性，在保证随机动态行程时间可靠性的基础上，缩小预测行程时间最大值与时间窗的差距，可有效提高物流配送服务的精度。

另外，本质上选择模型第一阶段使用期望行程时间与时间窗进行比较的结果与第二、第三阶段无关，该结果在第二、第三阶段的路径选择中不再使用。但模型仍保留第一阶段的原因在于：

（1）期望行程时间对第三阶段的行程时间可靠性有直接影响；

（2）在缺乏相关信息无法获取预测行程时间时，可直接利用第一阶段的结果作为路径选择的依据。此为模型的简化使用方法。

此处从随机动态行程时间可靠性角度进行路径选择，通过使用本文提供的模型，物流公司可以将预估的物流配送服务时间按照预测方法进一步缩短，提供更加精准的服务；同时，由于预测的准确度提升，可以进一步缩小配送服务时间窗，增加服务频次，提高客户满意度，具有现实意义。

然而，单纯的理论模型，对随机动态路网中行程时间影响因素的分析存在误差，没有考虑车辆间的相互影响、车道变换的影响，为了校验三阶段路径选择模型的有效性，同时将车辆间的相互影响、车道选择带来的行程时间差异等难以量化的问题纳入研究体系，并且减少每次路径选择均需获取大量实地调研车辆数据的操作难度，此处在建立了离散状态下行程时间及行程时间可靠性预测模型的基础上的明确路径集路径选择算法后，使用 Aimsun 对路网条件进行了微观仿真，在连续状态下对行程时间及行程时间可靠性进行了仿真模拟。

通过对比发现，结合了理论算法的仿真模型分析结果与理论算法具有一致性，并且可以将车辆间相互影响、车道随机选择带来的行程时间差异等理论方法无法实现的约束条件进行直观反映，进一步提高了对于随机动态路网条件下的路径选择方案的准确性。

理论模型与仿真模型在路径行程时间及行程时间可靠性的计算方法上有本质区别，但不同的算法获取的数据结果在路径选择中具有同样的表现，证明了：①理论模型算法的有效性；②三阶段路径选择算法的合理性；③仿真模型的有效性。

因此，将理论算法与三阶段路径选择算法结合构成的路径选择模式、将仿真模型与三阶段路径选择算法结合构成的路径选择模式都是较为有效的路径选择方法，共同形成关于路径选择问题的整体解决方案。

第4章 以行程时间可靠性为权值的复杂路网车辆路径选择算法研究

当路网状态由明确路径集转变为一般的复杂路网（路径未直接给出且数量多）时，三阶段路径选择算法不能直接使用。

针对此情况，本章以随机动态路段行程时间可靠性作为随机动态复杂路网中车辆路径选择的关键控制变量，尝试在复杂路网中将随机动态行程时间可靠性与Dijkstra算法相结合进行最可靠路径的快速求取，并使用枚举法进行验证。

在此基础上通过实例调查，并借助仿真工具，进一步验证该最可靠路径算法的有效性。

4.1 复杂路网路径选择问题基本模型

在明确路径集车辆路径选择问题中，使用导航系统面临的多为针对两条或多条确定的路径进行选择的问题，然而在非导航状态下，特别是物流配送中，出行者由起点至终点之间的出行路径不确定，属于复杂路网路径选择问题。

将车辆分配在从起点到各个不同终点的各条路径上，这种多目的地路径选择问题同样属于复杂路网路径选择问题。

复杂路网的基本模型如图4-1所示。

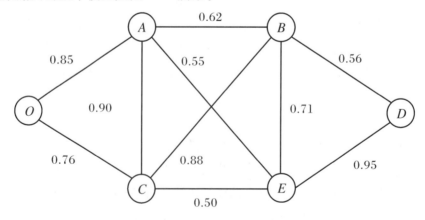

图4-1 复杂路网模型

第4章 以行程时间可靠性为权值的复杂路网车辆路径选择算法研究

图 4-1 所示的复杂路网中：

(1) 各节点表示路网中的交叉口；

(2) 各节点之间的连线表示路段，且所有的路段均为双向行驶、具有相同断面；

(3) 各边权值为路段（含下游交叉口）的行程时间可靠性。

路径行程时间可靠性的计算没有确定的标准，为了将路径中各构成路段的行程时间可靠性信息尽可能全部纳入分析范围，减少关键信息的丢失，本文将路径行程时间可靠性定义为构成路径的各路段行程时间可靠性之积，如式（3-2）所示。

本章将尝试解决以下两个问题。

(1) 单目的地：在复杂路网中从 O 点到 D 点的最可靠路径选择问题，见第 4.2 章节；

(2) 多目的地：在复杂路网中从 O 点出发到达路网中各个节点的最可靠路径选择问题，见第 4.3 节。

4.2 单目的地随机动态复杂路网路径选择算法

为了解决单目的地随机动态复杂路网车辆路径选择问题，结合第 2.2 章节关于动态网络中最短路算法的分析结论，特设定，在随机动态网络中车辆行驶路径中无环路形成。

车辆在图 4-1 所示的复杂路网模型中要由 O 点到达 D 点，由于用各路段的行程时间可靠性作为路网模型中各边的权值，最终获得的路径选择方案也就不再是传统的最短路径，而是最可靠路径，即问题转化为求 OD 之间所有可能路径中行程时间可靠性最大的路径。

根据设定，路径的行程时间可靠性为构成路径的所有路段（含下游交叉口）的行程时间可靠性之积，这一设定的优势在于将不唯一的随机动态网络中的行程时间用单一的可靠性值来替代，实现了研究内容的提炼；这一设定的劣势在于各边权值之间的乘积关系，无法使用传统优化算法进行快速求解。

为了解决此问题，在保证求解目标一致的基础上，通过对权值进行对数变换，将问题转化为满足传统优化算法的形式，以便于快速求解。之后，对该问题进行枚举求解，用于验证权值异化算法的正确性。具体算法及验证过程如下。

4.2.1 典型的 Dijkstra 算法

经典的路径优化选择算法是 Dijkstra 算法，该算法的应用前提是非负权值网络，当网络中存在负权值边时，该算法不能直接使用。该算法提出的本意是解决机器人的运动路径规划问题，但随着对算法的进一步开发，该算法成为求解最短路问题的经典算法，特别适用于求 $1：n$ 形式的最短路问题。该算法通过对邻接点搜索将临时标号点不断转变为固定标号点，待转化完成即可得到从出发点到所有其它节点的最短路径，算法简单高效。

Dijkstra 算法求最短路的计算步骤如下。

Step 1：始点 v_1 作固定标号 $r_1^* = 0$，其余点 v_j 作临时标号 $t_j \to \infty$，$V_t = \{v_2, v_3, \cdots, v_p\}$。

Step 2：设当前已得到一个或多个 v_i 的固定标号 r_i^*，对 $v_j \in N(v_i) \cap V_t$，修改 v_j 的临时标号为

$$t_j : = \min_i \{t_j, r_i^* + w_{ij}\}$$

其中，右端的 t_j 是原值，左端的 t_j 是修改值；w_{ij} 是从 i 到 j 的距离。

Step 3：对 $v_j \in V_t$，取 $\min_j t_j = t_j^*$

为对应点 v_j^* 的固定标号 $V_t : = V_t - \{v_j^*\}$。

Step 4：当 $V_t = \emptyset$ 时，得 r_p^*，再从 v_p 出发，反向追踪，确定最短路径 R_p^*。若 R_p^* 中 v_j 已确定，按 $r_j^* - w_{ij} = r_i^*$ 式，确定前一点 v_i；否则，转 Step 2。

可以发现，该算法可一次将从出发点到其它所有节点的最短路径都取得。

4.2.2 权值异化的 Dijkstra 算法

应用传统的 Dijkstra 算法要求各边权值之间为加和关系，而此处依据权值之间的逻辑关系设定各边权值之间为乘积关系。

根据对数函数运算规则：若干正数的积的对数，等于同一底数的这若干正数的对数的和。根据此运算法则，路径可靠性等于各组成路段的可靠性之积，则可转换为路径可靠性的对数值等于各路段可靠性的对数值之和。

同时根据对数的单调性，求各路径可靠性中的最大值等价于求以小于 1 的正数为底的路径可靠性对数值中的最小值，从而将原问题变换为满足传统的路径选择问题设定的模式，然后即可使用 Dijkstra 算法求解。

将模型中各边权值以 0.1 为底做对数变换后各边的权值如图 4 - 2 所示。

应用 Dijkstra 算法，求从 O 点到 D 点权值之和最小的路径，即最可靠路径。

step1：对所有节点进行初始标号，其中 O 点初始标号值为 0，其它各点的初始标号值为 ∞；

step2：考察 O 点

$$T(A) = \min[T(A), r(O) + a_{oA}] = \min[\infty, 0 + 0.07] = 0.07$$

第4章 以行程时间可靠性为权值的复杂路网车辆路径选择算法研究

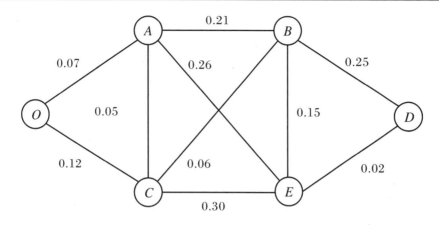

图4-2 权值对数化复杂路网

$T(C) = \min[T(C), r(O) + a_{oC}] = \min[\infty, 0 + 0.12] = 0.12$

比较 $T(A) < T(C)$,所以 A 点被标定,且 $r(A) = 0.07$。

Step3:考察 A 点

$T(C) = \min[T(C), r(A) + a_{AC}] = \min[0.12, 0.07 + 0.05] = 0.12$

$T(B) = \min[T(B), r(A) + a_{AB}] = \min[\infty, 0.07 + 0.21] = 0.28$

$T(E) = \min[T(E), r(A) + a_{AE}] = \min[\infty, 0.07 + 0.26] = 0.33$

比较 $T(C) < T(B) < T(E)$,所以 C 点被标定,且 $r(C) = 0.12$

Step4:考察 C 点

$T(B) = \min[T(B), r(C) + a_{CB}] = \min[0.28, 0.12 + 0.06] = 0.18$

$T(E) = \min[T(E), r(C) + a_{CE}] = \min[0.33, 0.12 + 0.30] = 0.33$

比较 $T(B) < T(E)$,所以 B 点被标定,且 $r(B) = 0.18$

Step5:考察 B 点

$T(D) = \min[T(D), r(B) + a_{BD}] = \min[\infty, 0.18 + 0.25] = 0.43$

$T(E) = \min[T(E), r(B) + a_{BE}] = \min[0.33, 0.18 + 0.15] = 0.33$

比较 $T(E) < T(D)$,所以 E 点被标定,且 $r(E) = 0.33$

Step6:考察 E 点

$T(D) = \min[T(D), r(E) + a_{ED}] = \min[0.43, 0.33 + 0.02] = 0.35$

此时 D 点被标定,且 $r(D) = 0.35$

此标号过程如图4-3所示,图中黑体字为各顶点标号值。

根据 Dijkstra 算法的原理,由图4-3可知,从 O 点到 D 点的最可靠路径对数值为0.35,根据标号过程逆推对应路径,发现可靠性最高的路径有三条:$O-A-E-D$,$O-A-C-B-E-D$,$O-C-B-E-D$。

路径1：$O-A-E-D$。

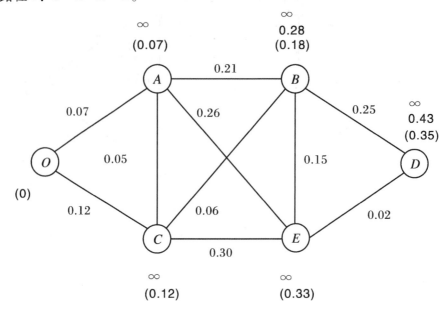

图4-3 权值对数化复杂路网的标号结果图

$$\log_{0.1}^{R(OAED)} = 0.07 + 0.26 + 0.02 = 0.35$$

对应路径行程时间可靠性为（见图4-4）

$$R(OAED) = 0.85 * 0.55 * 0.95 = 0.45$$

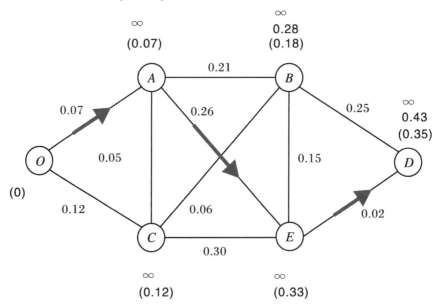

图4-4 复杂路网中的最可靠路径（一）

路径2：$O-A-C-B-E-D$。

$$\log_{0.1}^{R(OACBED)} = 0.07 + 0.05 + 0.06 + 0.15 + 0.02 = 0.35$$

对应路径行程时间可靠性为（见图 4-5）

$$R(OACBED) = 0.85 * 0.90 * 0.88 * 0.71 * 0.95 = 0.45$$

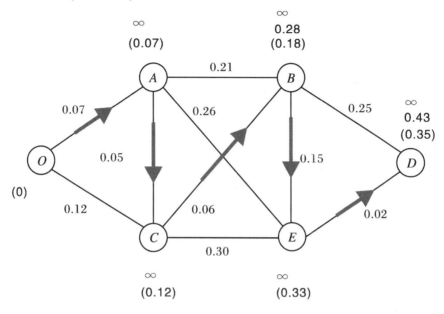

图 4-5　复杂路网中的最可靠路径（二）

路径 3：$O-C-B-E-D$。

$$\log_{0.1}^{R(OCBED)} = 0.12 + 0.06 + 0.15 + 0.02 = 0.35$$

对应路径行程时间可靠性为（见图 4-6）

$$R(OCBED) = 0.76 * 0.88 * 0.71 * 0.95 = 0.45$$

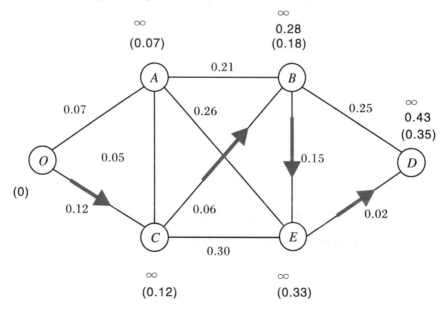

图 4-6　复杂路网中的最可靠路径（三）

接下来将该复杂路网中的从 O 点到 D 点的所有无环路路径进行枚举,以确认本算法是否有效。

4.2.3 路径枚举法

为了验证权值异化算法的有效性,对图 4-1 所示路网用路径枚举法罗列出全部的路径,用构成路径的各路段可靠性之积代表路径行程时间可靠性,见表 4-1。

表 4-1 路径及路径可靠性枚举表

序 号	路 径	路段可靠性	路径可靠性
1	OABD	$0.85 \times 0.62 \times 0.56$	0.30
2	OABED	$0.85 \times 0.62 \times 0.71 \times 0.95$	0.36
3	OABCED	$0.85 \times 0.62 \times 0.88 \times 0.5 \times 0.95$	0.22
4	OAED	$0.85 \times 0.55 \times 0.95$	0.45
5	OAEBD	$0.85 \times 0.55 \times 0.71 \times 0.56$	0.19
6	OACED	$0.85 \times 0.9 \times 0.5 \times 0.95$	0.36
7	OACBD	$0.85 \times 0.9 \times 0.88 \times 0.56$	0.38
8	OACBED	$0.85 \times 0.9 \times 0.88 \times 0.71 \times 0.95$	0.45
9	OCED	$0.76 \times 0.5 \times 0.95$	0.36
10	OCEBD	$0.76 \times 0.5 \times 0.71 \times 0.56$	0.15
11	OCEABD	$0.76 \times 0.62 \times 0.55 \times 0.5 \times 0.56$	0.07
12	OCBD	$0.76 \times 0.88 \times 0.56$	0.37
13	OCBED	$0.76 \times 0.88 \times 0.71 \times 0.95$	0.45
14	OCABD	$0.76 \times 0.9 \times 0.62 \times 0.56$	0.24
15	OCAED	$0.76 \times 0.9 \times 0.55 \times 0.95$	0.36
16	OCAEBD	$0.76 \times 0.9 \times 0.55 \times 0.71 \times 0.56$	0.15

由表 4-1 明显可知,路径可靠性最大值为 0.45,对应的的路径有三条:OAED、OACBED、OCBED。与权值异化的 Dijkstra 算法获得的最可靠路径完全相同。同时 $\log_{0.1}^{0.45} = 0.35$,两种算法结果一致。

由此可见,将权值异化后使用 Dijkstra 算法进行最短路问题的求解是可行的。

4.3 多目的地随机动态复杂路网路径选择算法

对于多目的地随机动态复杂路网车辆路径选择问题,其典型应用是从仓库到各个服务点的路径选择问题。在随机动态网络中,结合第2.2节关于动态路径选择算法的分析结论,特设定所有车辆在路网中运行满足先进先出(First in First out, FIFO)的运行规则,且车辆行驶路径上无环路。

用行程时间可靠性作为判断标准的从仓库到各个客户之间的配送问题可以抽象为 O 点到各点的最可靠路径选择问题。

所有车辆在图4-1所示的复杂路网模型中要由 O 点到达其余各点,求 O 点到各点间所有可能路径中行程时间可靠性最大的路径。

根据 Dijkstra 算法的运算规则,图4-3中各顶点最终的标号就是车辆在路网中由 O 点到各顶点最可靠路径以0.1为底的对数值,据此得到各条最可靠路径。

(1) O 点到 A 点的最可靠路径为 $O-A$。

路径可靠性为(见图4-7)

$$R(OA) = 0.85$$

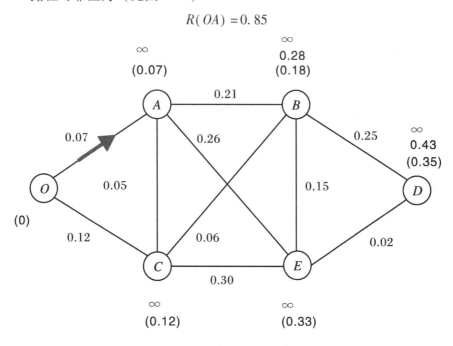

图4-7 O 点到 A 点的最可靠路径

(2) O 点到 B 点的最可靠性路径为 $O-A-C-B$。

路径可靠性为(见图4-8)

$$R(OACB) = 0.85 \times 0.90 \times 0.88 = 0.67$$

(3) O 点到 C 点的最可靠性路径为 $O-C$。

路径可靠性为（见图 4-9）

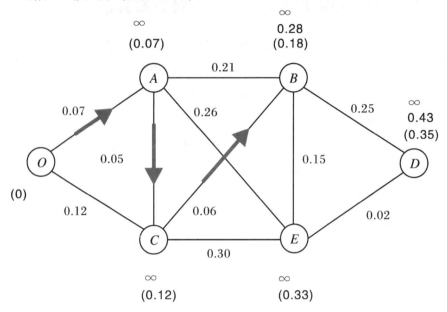

图 4-8 O 点到 B 点的最可靠路径

$$R(OC) = 0.76$$

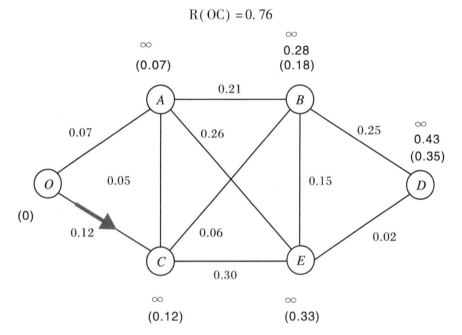

图 4-9 O 点到 C 点的最可靠路径

（4）O 点到 E 点的最可靠性路径为 $O-A-E$、$O-A-C-B-E$。

路径可靠性分别为（见图 4-10、4-11）

$$R(OAE) = 0.85 \times 0.55 = 0.47$$

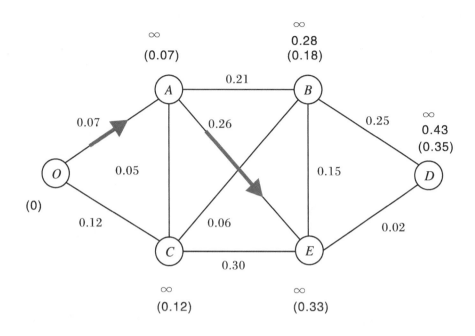

图 4-10 O 点到 E 点的最可靠路径（一）

$$R(OACBE) = 0.85 \times 0.90 \times 0.88 \times 0.71 = 0.47$$

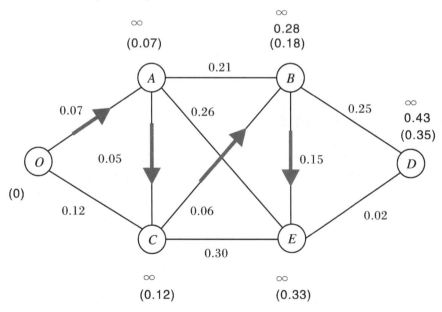

图 4-11 O 点到 E 点的最可靠路径（二）

通过以上过程可以迅速找到复杂路网中从某一点出发至其余各点的最可靠路径。

4.4 复杂路网车辆路径选择算法仿真研究

本节首先选择一个真实案例进行调查分析,然后建立仿真模型,提取仿真车辆运行数据,使用枚举法、权值异化 Dijkstra 算法求最可靠路径,将获得的结果与调查结果比较,确认最可靠路径求解算法的有效性。

通过对仿真模型的检测可以获取车辆在每一条路径、每一条路段上每次通过的行程时间,使用本文提出的算法可以求取理论最可靠路径。通过调查可以找到获得每条路径被选择的比例,占比最高的路径作为最可靠路径的备选方案。两相对比即可验证算法结果是否符合实际情况。

4.4.1 仿真案例原型分析

仿真案例以浙江省宁波市高新区部分路网为对象构建仿真模型。该区域路网如图 4-12 所示。

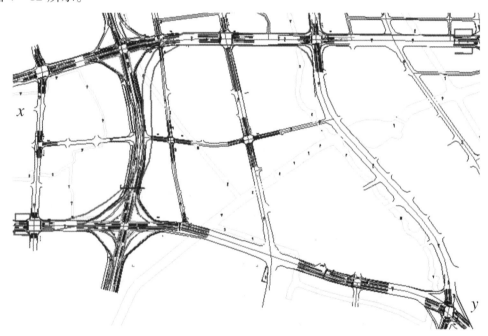

图 4-12 待仿真区域现状路网

对从 X 点到 Y 点的小汽车出行路径状况进行了调查。调查发现此 OD 对之间共有 15 个交叉口、24 条路段,可选的路径在 30 条以上。本调查选取的是工作日早高峰时段,无突发事件,因此在路径选择中对产生绕行路径选取部分代表,忽略了部分过分绕行的小概率选择路径,有效提高研究效率。最终选择作为研究对象的路径为 19 条。

第4章 以行程时间可靠性为权值的复杂路网车辆路径选择算法研究

对案例原型进行抽象处理,并编码,如图4-13所示。

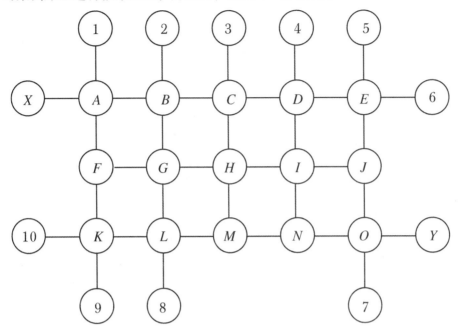

图4-13 路网抽象编码图

依据此编码,从点 X 到点 Y 的19条典型路径用编码表示见表4-2。

表4-2 关键路径表

路 径	节 点											
	13	1	2	3	4	5	6	7	8	9	10	11	12
1	X	A	B	C	D	E	J	O	Y				
2	X	A	B	C	D	I	J	O	Y				
3	X	A	B	C	D	I	N	O	Y				
4	X	A	B	C	H	I	J	O	Y				
5	X	A	B	C	H	I	N	O	Y				
6	X	A	B	C	H	M	N	O	Y				
7	X	A	B	C	H	M	N	I	J	O	Y		
8	X	A	B	C	H	M	N	I	D	E	J	O	Y
9	X	A	B	G	H	I	J	O	Y				
10	X	A	B	G	H	I	N	O	Y				
11	X	A	B	G	H	M	N	O	Y				
12	X	A	B	G	L	M	N	O	Y				
13	X	A	B	G	L	M	H	I	J	O	Y		
14	X	A	B	G	L	M	H	I	N	O	Y		

续表

路 径	节 点											
	13	1	2	3	4	5	6	7	8	9	10	11	12
15	X	A	F	G	H	I	J	O	Y				
16	X	A	F	G	H	I	N	O	Y				
17	X	A	F	G	H	M	N	O	Y				
18	X	A	F	G	L	M	N	O	Y				
19	X	A	F	K	L	M	N	O	Y				

经过为期一个月、对300辆实车（通勤车辆96辆、随机车辆204辆）在该研究区域的出行状况调查见表4-3。

表4-3 被调查车辆路径归类表

路 径	随机车辆数/辆	通勤车辆数/辆	路 径	随机车辆数/辆	通勤车辆数/辆
1	24	8	11	16	13
2	11		12	17	
3	10		13	1	
4	13		14	1	
5	9		15	7	
6	21	66	16	10	
7	2		17	13	
8	0		18	12	
9	0		19	20	9
10	9		合计	204	96

被调查车辆划分为两类。

（1）随机车辆：被调查车辆在目标区域的出行频率较低，其出行路径的选择依靠直观感觉或导航，无经验。

（2）通勤车辆：被调查车辆在目标区域的出行频率高，其出行路径的选择依靠经验的积累，一般选择可靠性最高的路径，而不是最短路径或最简单路径。

对该区域的交通状况进行记录，发现：

（1）东西向道路中，KO 段、AE 段、FJ 段的拥挤程度逐渐提高；

（2）南北向道路中，BL 段拥堵最为严重，CM 段交通压力最小；

（3）各个节点之中，交叉口 G、交叉口 K、交叉口 L 极易产生拥堵；

各路径的车辆选择结果存在两个矛盾：

（1）路径11：$X-A-B-G-H-M-N-O-Y$ 为距离最短路径，但由于要经

过交叉口 G，目标 OD 间的通勤车辆选择该路径的比例并不高，仅占通勤车辆的 14%；所有按照路径 11 行驶的车辆总数在被调查车辆中占比为 9.7%。

(2) 路径 6：$X-A-B-C-H-M-N-O-Y$ 由于在南北向通道中经过交通压力最小的 CM 段，成为通勤车辆的绝对首选，选择路径 6 的通勤车辆在全部通勤车辆中占比高达 69%；所有按照路径 6 行驶的车辆总数在被调查车辆中占比也达到 27%。

经过对司机的问询发现，产生以上矛盾的主要原因是：

1) 随机车辆选择路径主要根据路径复杂程度和导航提示，因此会有较多车辆选择路径 1 和路径 19，这两条路径的转弯次数最少；部分车辆选择路径 11，因为该路径距离最短。

2) 通勤车辆长期通过该区域，发现路径 6 虽然距离较路径 11 长，但也无绕路；同时路径 6 由于交通信号和拥堵产生的等待情况较少，可以在比较稳定的时间区间内通过目标区域，即行程时间可靠性最高，因此绝大多数有经验的通勤车辆选择路径 6 最为首选方案。

接下来用仿真模型来重构此过程，并给出进行路径选择的优化计算方案。

4.4.2 仿真模型基础构建

对该目标区域的道路、车流量进行详细记录，构建高可靠度仿真模型。仿真模型如图 4-14 所示。

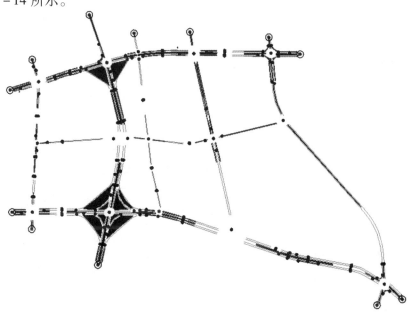

图 4-14 区域路网现状仿真模型

为了突出研究目标，在不影响判断的前提下，特设置下列前置条件：

（1）目标区域机非分离，可以忽略行人、非机动车对路径选择的影响；

（2）路径选择是常态下的路径选择方案，不设置突发事件。

仿真模型有效构建完成后，获得目标区域关键路径的相关基础信息，与实际状况吻合。关键路径信息见表4-4。

表4-4 关键路径长度及期望行程时间表（自由流状态）

路 径	长度/m	期望行程时间/s	路 径	长度/m	期望行程时间/s
1	4 249.94	309.31	11	4 003.34	292.96
2	4 333.13	313.21	12	4 217.50	306.52
3	4 284.18	308.78	13	5 505.99	400.63
4	4 405.94	320.45	14	5 407.67	393.99
5	4 307.62	313.81	15	4 277.88	312.71
6	4 434.06	310.42	16	4 179.56	306.07
7	5 642.14	417.68	17	4 101.64	303.26
8	6 924.78	505.71	18	4 250.48	312.04
9	4 179.57	302.41	19	4 177.20	303.50
10	4 081.26	295.77			

本例中的距离最短路径为路径11：$X-A-B-G-H-M-N-O-Y$，路径长4 003.34m，期望出行时间292.96s。

仿真模型路网建立之后，对运行在该路网上的车流量进行分配。为了便于目标车辆的抓取，从目标起点X发出的小汽车均设置为以Y为目标讫点，其它类型车辆依据流量调查进行分配。

运行仿真模型，目标OD间各条路径上分配的仿真车辆数据如表4-5所示：

表4-5 仿真模型路径流量分配结果

起 点	讫 点	类 型	分配车辆/辆	分配车辆百分比/（%）	进入车辆/辆	离开车辆/辆
2194：X	2731：Y	ODR	59	5.73	48	48
2194：X	2731：Y	ODR	51	4.96	34	34
2194：X	2731：Y	ODR	53	5.15	14	14
2194：X	2731：Y	ODR	113	10.98	94	94
2194：X	2731：Y	ODR	44	4.28	30	30

续表

起 点	讫 点	类 型	分配车辆/辆	分配车辆百分比/（%）	进入车辆/辆	离开车辆/辆
2194：X	2731：Y	ODR	45	4.37	28	28
2194：X	2731：Y	ODR	63	6.12	37	37
2194：X	2731：Y	ODR	16	1.55	11	11
2194：X	2731：Y	ODR	59	5.73	34	34
2194：X	2731：Y	ODR	49	4.76	13	13
2194：X	2731：Y	ODR	54	5.25	19	19
2194：X	2731：Y	ODR	52	5.05	38	38
2194：X	2731：Y	ODR	41	3.98	21	21
2194：X	2731：Y	ODR	105	10.2	84	84
2194：X	2731：Y	RC	8	0.78	129	129
2194：X	2731：Y	ODR	42	4.08	19	19
2194：X	2731：Y	ODR	53	5.15	45	45
2194：X	2731：Y	ODR	42	4.08	26	26
2194：X	2731：Y	ODR	29	2.82	9	9
2194：X	2731：Y	ODR	51	4.96	19	19

在仿真模型中，通过对仿真车的跟踪获取路段及路径形成时间，作为基础研究数据。

4.4.3 单目的地随机动态复杂路网路径选择仿真－枚举法

每一条路径调查20辆以上的仿真车辆，对车辆行程过程进行记录，选择完全在目标路径上行驶的车辆作为目标车辆，排除由于排队时间过长而选择其它路径或讫点的车辆。具体的车辆统计信息见表4-6。

表4-6 路径车辆信息统计表

路径1				路径2			
序 号	车 号	距离/m	行程时间/s	序 号	车 号	距离/m	行程时间/s
1	6310	4 212.62	597	1	1060	4 328.3	376
2	907	4 230.96	329	2	1905	4 157.64	546
3	3319	4 212.49	546	3	4015	4 283.81	591
4	1912	4 203.9	536	4	2987	4 335.83	503
5	984	4 248.71	487	5	2975	4 296.08	530
6	74	4 224.48	336	6	2933	4 314.98	810

续表

路径 1				路径 2			
序 号	车 号	距离/m	行程时间/s	序 号	车 号	距离/m	行程时间/s
7	5393	4 234.78	917	7	5317	4 273.61	525
8	136	4 227.57	473	8	2987	4 234.54	502
9	3032	4 239.46	401	9	227	4 331.51	541
10	136	4 239.61	474	10	1823	4 307.32	481
11	1892	4 236.81	645	11	4423	4 310.14	501
12	1827	4 218.43	477	12	410	4 332.91	464
13	3420	4 227.65	418	13	272	4 257.84	534
14	3411	4 240.82	774	14	874	4 331.55	450
15	3470	4 229.17	735	15	693	4 318.72	597
16	4503	4 241.45	820	16	1087	4 336.23	906
17	4543	4 217.52	801	17	1364	4 328.11	596
18	288	4 245.42	506	18	1462	4 313.34	801
19	620	4 235.8	567	19	1691	4 330	546
20	609	4 231.09	553	20	2118	4 331.25	444
21	501	4 215.91	415	21	2324	4 305.36	519
22	730	4 237.9	603				
23	736	4 238.34	519				
24	711	4 226.22	418				
25	924	4 239.37	691				
26	907	4 242.41	330				

路径 3				路径 4			
序 号	车 号	距离/m	行程时间/s	序 号	车 号	距离/m	行程时间/s
1	3956	4 250.64	462	1	2765	4 354.94	522
2	172	4 265.87	392	2	53	4 387.88	345
3	4135	4 253.2	384	3	5740	4 268.74	432
4	84	4 261.07	342	4	988	4 385.83	408
5	2995	4 270.61	524	5	142	4 398.02	303
6	2981	4 274.91	528	6	1866	4 380.27	468
7	5408	4 276.32	503	7	335	4 403.19	480

第4章 以行程时间可靠性为权值的复杂路网车辆路径选择算法研究

续表

路径3				路径4			
序 号	车 号	距离/m	行程时间/s	序 号	车 号	距离/m	行程时间/s
8	172	4 277.07	393	8	716	4 379.51	429
9	158	4 277.69	400	9	1064	4 373.6	377
10	146	4 280.67	403	10	1038	4 259.27	396
11	5116	4 281.07	512	11	1244	4 384.77	465
12	5121	4 280.14	504	12	1203	4 396.82	853
13	5098	4 278.12	519	13	1474	4 390.34	731
14	5018	4 243.1	543	14	2045	4 379.97	484
15	3415	4 227.14	438	15	1990	4 382.35	502
16	526	4 259.27	342	16	2291	4 379.18	456
17	514	4 270.23	350	17	2737	4 255.78	448
18	698	4 268.16	453	18	2727	4 377.79	436
19	1346	4 274.21	528	19	2558	4 374.14	337
20	1749	4 243.39	443	20	2540	4 396.62	709
21	2509	4 265.95	382				

路径5				路径6			
序 号	车 号	距离/m	行程时间/s	序 号	车 号	距离/m	行程时间/s
1	5044	4 268.58	537	1	4199	4 262.62	352
2	3165	4 230.96	449	2	5058	4 234.3	444
3	3169	4 256.69	542	3	1844	4 225.8	408
4	1845	4 221.65	406	4	978	4 229.3	424
5	4008	4 278.96	438	5	2758	4 210.21	443
6	5044	4 257.43	536	6	21	4 235.24	301
7	16	4 265.33	371	7	69	4 228.28	349
8	5390	4 271.6	490	8	3504	4 243.01	396
9	2898	4 236.67	480	9	348	4 260.31	401
10	5123	4 266.55	417	10	614	4 282.01	486
11	5091	4 283.44	428	11	558	4 238.19	270
12	16	4 294.92	373	12	550	4 242.48	327

续表

路径5				路径6			
序号	车号	距离/m	行程时间/s	序号	车号	距离/m	行程时间/s
13	2343	4 299.16	453	13	1422	4 236.59	399
14	3482	4 295.12	493	14	1407	4 241.03	404
15	4457	4 252.58	421	15	1941	4 233.03	453
16	469	4 282.01	357	16	2210	4 228.49	320
17	449	4 302.54	369	17	2203	4 220.47	330
18	448	4 297.92	368	18	2676	4 229.47	335
19	370	4 279.46	400	19	2435	4 243.59	408
20	780	4 267.16	414	20	3598	4 245.39	446
21	773		425	21	3351	4 227.67	453
22	894	4 270.45	362	22	3265	4 240.35	495
23	2399	4 296.83	433	23	3127	4 227.29	456
24	2343	4 309.1	454	24	3120	4 263.42	464
25	2219	4 295.74	508				

路径7				路径8			
序号	车号	距离/m	行程时间/s	序号	车号	距离/m	行程时间/s
1	1121	5 721.77	965	1	184	6 910.83	1168
2	2782	5 705.32	596	2	242	6 912.81	1059
3	3061	5 724.93	837	3	2392	6 910.78	1031
4	1777	5 161.59	445	4	2390	6 899.54	771
5	1829	5 725.05	839	5	2859	6 896.34	1116
6	4536	5 713.86	714	6	526 − 2	6 914.79	1226
7	3439	5 724.78	758	7	496 − 2	6 911.93	789
8	484	5 719.84	601	8	410 − 2	6 909.74	719
9	540	5 716.22	1128	9	53 − 2	6 920.24	606
10	803	5 714.74	1020	10	146 − 2	6 896.63	561
11	1121	5 711.8	964	11	227 − 2	6 915.48	797
12	1262	5 702.92	908	12	142 − 2	6 907.7	742
13	2077	5 716.28	822	13	136 − 2	6 916.22	576
14	2213	5 701.96	477	14	158 − 2	6 910.61	821

第4章 以行程时间可靠性为权值的复杂路网车辆路径选择算法研究

续表

| \multicolumn{4}{c|}{路径7} | \multicolumn{4}{c}{路径8} |

序 号	车 号	距离/m	行程时间/s	序 号	车 号	距离/m	行程时间/s
15	2695	5 716.31	540	15	84-2	6 897.83	597
16	2693	5 711.28	549	16	172-2	6 915.49	834
17	2549	5 707.42	961	17			异常
18	3439	5 701.72	756	18			异常
19	3061	5 714.39	837	19			异常
20	2891	5 688.66	1100	20			异常

| \multicolumn{4}{c|}{路径9} | \multicolumn{4}{c}{路径10} |

序 号	车 号	距离/m	行程时间/s	序 号	车 号	距离/m	行程时间/s
1	5	4 149.66	269	1	1669	4 052.77	478
2	5030	4 154.49	728	2	951	4 031.82	431
3	55	4 174.64	432	3	5779	4 216.89	735
4	86	4 163.76	494	4	252	4 265.41	449
5	2996	4 177.99	516	5	10	4 056.02	461
6	2940	4 154.3	808	6	1792	4 040.57	525
7	5302	4 199.9	730	7	3516	4 078.32	400
8	5411	4 209.58	730	8	466	4 068.71	462
9	148	4 166.85	376	9	419	4 079.74	477
10	2920	4 154.3	808	10	532	4 074.79	438
11	2906	4 148.59	561	11	866	4 198.46	462
12	3404	4 210.35	526	12	929	4 212	536
13	3457	4 216.37	510	13	1111	4 194.35	634
14	3498	4 172.97	731	14	1599	4 196.35	533
15	502	4 149.14	497	15	1613	4 058.21	501
16	860	4 161.36	713	16	2029	4 204.11	513
17	906	4 196.99	450	17	3360	3 977.34	449
18	1332	4 199.97	546	18	2401	4 077.43	516
19	2117	4 154.67	525	19	2153	4 074.04	443
20	1979	4 201.38	540	20	2583	4 058.15	441
21	2254	4 167.83	726	21	3181	4 073.77	443

续表

路径9				路径10			
序号	车号	距离/m	行程时间/s	序号	车号	距离/m	行程时间/s
22	2241	4 163.95	660				
23	2846	4 160.76	477				
24	2420	4 159.37	855				
路径11				路径12			
序号	车号	距离/m	行程时间/s	序号	车号	距离/m	行程时间/s
1	4136	4 190.88	485	1	5059	4 264.42	442
2	95	3 991.36	365	2	961	4 202.77	366
3	245	4 002.3	543	3	964	4 223.38	348
4	352	3 979.27	343	4	2775	4 217.18	530
5	535	3 985.64	429	5	2997	4 213.08	525
6	936	4 213.43	543	6	2930	4 203.52	405
7	1219	3 994.45	417	7	4234	4 172.83	433
8	1127	3 985.37	474	8	4244	4 205.03	423
9	1754	3 988.66	369	9	5367	4 200.95	585
10	2104	4 197.82	462	10	5338	4 221.81	718
11	2374	3 984.78	452	11	186	4 217.39	387
12	2171	3 982.37	438	12	3059	4 207.25	309
13	2863	3 987.41	501	13	471	4 202.3	448
14	3350	4 218.49	548	14	377	4 209.1	486
15	3344	3 985.72	396	15	284	4 201.89	527
16	2997	4 191.27	524	16	790	4 203.51	501
17	700-2	3 974.59	442	17	1215	4 210.59	410
18	678-2	3 976.18	366	18	1156	4 215.09	435
19	562-2	3 982.72	424	19	1275	4 212.13	555
20	242-2	3 987.63	467	20	1582	4 183.06	516
21	239-2	3 985.58	542	21	1560	4 222.01	435
22	55-2	3 979.75	363	22	1725	4 199.26	542
23	5-2	3 956.53	281	23	1957	4 270.5	447
				24	2274	4 200.15	388

第4章 以行程时间可靠性为权值的复杂路网车辆路径选择算法研究

续表

路径 13				路径 14			
序 号	车 号	距离/m	行程时间/s	序 号	车 号	距离/m	行程时间/s
1	2764	5 468.45	616	1	234	5 408.31	645
2	4141	5 486.77	810	2	249	5 403.22	637
3	1016	5 477.87	837	3	244	5 404.03	641
4	2946	5 365.11	530	4	1878	5 384.41	573
5	5303	5 485.92	855	5	590	5 404.23	585
6	5398	5 480.2	828	6	1084	5 386.01	643
7	2946	5 390.81	531	7	1995	5 392.53	513
8	5026	5 396.78	816	8	739-2	5 383.09	691
9	1867	5 493.91	917	9	577-2	5 397.68	599
10	243	5 496.17	805	10	717-2	5 387	702
11	1867	5 502.91	918	11	553-2	5 385.74	685
12	3521	5 478.52	640	12	545-2	5 393.03	690
13	4436	5 485.16	765	13	484-2	5 379.15	623
14	324	5 501.57	838	14	469-2	5 405.66	630
15	633	5 484.87	728	15	467-2	5 391.11	648
16	1197	5 480.62	658	16	423-2	5 400.07	652
17	1608	5 473.18	492	17	244-2	5 411.11	637
18	1587	5 500.12	591	18	234-2	5 418.26	550
19	1558	5 482.58	600	19	70-2	5 385.19	531
20	3297	5 469.55	630	20	201-2	5 388.45	467
21	3338	5 486.61	629	21	186-2	5 421.29	567
				22	177-2	5 397.19	573

路径 15				路径 16			
序 号	车 号	距离/m	行程时间/s	序 号	车 号	距离/m	行程时间/s
1	668	4 252.25	436	1	4200	4 142.09	462
2	3166	4 218.91	505	2	1855	4 173.73	412
3	4091	4 259	964	3	2783	4 150.76	531
4	70	4 275.94	427	4	4030	4 134.12	426
5	85	4 265.36	403	5	90	4 178.47	429
6	3025	4 275.18	392	6	2965	4 135.48	444

续表

路径 15				路径 16		
序 号	车 号	距离/m	行程时间/s	序 号	车 号	距离/m	行程时间/s
7	5127	4 271.01	500	7	177	4 176.62	399
8	206	4 242.58	369	8	3026	4 178.26	417
9	1788	4 271.75	423	9	2901	4 137.12	477
10	3389	4 228.34	591	10	201	4 176.41	378
11	3525	4 233.51	534	11	3517	4 172.66	390
12	4470	4 262.03	852	12	4502	4 165.22	490
13	489	4 264.4	435	13	4422	4 160.26	525
14	423	4 273.01	543	14	4435	4 155.5	524
15	859	4 254.83	462	15	364	4 175.85	495
16	668	4 252.25	436	16	653	4 179.09	465
17	1054	4 274.25	648	17	867	4 171.32	424
18	1040	4 253.51	459	18	755	4 160.14	380
19	1334	4 269.09	409	19	653	4 171.27	425
20	1302	4 254.42	435	20	1369	4 168.29	423
21	2083	4 256.2	466	21	1729	4 149.84	451
22	2424	4 280.64	754	22	2026	4 164.73	499
				23	1988	4 169.2	515
				24	2767	4 168.74	375
				25	2715	4161.18	377

路径 17				路径 18		
序 号	车 号	距离/m	行程时间/s	序 号	车 号	距离/m	行程时间/s
1	2791	4 088.77	482	1	3170	4 239.47	450
2	4133	4 071.69	475	2	4059	4 214.12	518
3	24	4 059.32	370	3	5773	4 210.08	528
4	30	4 079.87	282	4	5311	4 244.63	429
5	157	4 082.65	408	5	137	4 244.93	414
6	139	4 081.55	402	6	11	4 244.76	466
7	3495	4 081.21	400	7	1809	4 243.63	330
8	3476	4 092.28	412	8	263	4 213.13	530
9	389	4 087.92	416	9	580	4 237.48	409

第4章 以行程时间可靠性为权值的复杂路网车辆路径选择算法研究

续表

路径 17				路径 18			
序 号	车 号	距离/m	行程时间/s	序 号	车 号	距离/m	行程时间/s
10	345	4 077.32	423	10	694	4 236.33	366
11	337	4 089.75	442	11	1029	4 206.96	492
12	581	4 080.63	414	12	913	4 246.48	536
13	561	4 087.21	350	13	1699	4 219.11	371
14	1055	4 083.91	393	14	2097	4 243.09	471
15	1386	4 074.17	357	15	2400	4 236.4	513
16	1498	4 083.83	397	16	2217	4 225.32	412
17	1981	4 086.83	449	17	2187	4 245.81	422
18	1975	4 068.71	464	18	2480	4 234.2	408
19	2314	4 093.3	456	19	3296	4 204.21	393
20	2185	4 082.66	362	20	3170	4 249.86	450
21	2836	4 099.47	417	21	3099	4 247.37	296
22	2801	4 100.61	522				
路径 19				路径 19			
序 号	车 号	距离/m	行程时间/s	序 号	车 号	距离/m	行程时间/s
1	50	4 155.67	357	15	5379	4 166.65	413
2	1758	4 165.72	368	16	113	4 152.6	324
3	1059	4 165.17	333	17	2902	4 145.78	477
4	4197	4 129.26	449	18	2903	4 126.65	413
5	1852	4 139.21	324	19	5128	4 168.07	337
6	2792	4 163.02	351	20	113	4 164.36	325
7	2753	4 111.87	363	21	9	4 140.74	309
8	4009	4 168.55	544	22	1891	4 164.94	477
9	23	4 131.11	363	23	1870	4 161.54	431
10	76	4 160.31	342	24	1815	4 167.97	348
11	3005	4 162.55	423	25	472	4 170.95	459
12	4256	4 172.25	423	26	454	4 169.85	465
13	4208	4 146.98	346	27	339	4 176.4	513
14	4222	4 134.86	440				

对样本行程时间进行分析获取行程时间可靠性。

将车辆的实际行程时间与路径期望行程时间进行对比,当可接受水平 γ 处于不同水平时,各路径的行程时间可靠性程度有不同的表现。当 $\gamma = 1.2$ 时,路径 19 的行程时间可靠性最高;但当 γ 上升到 1.35 以后,路径 6 的行程时间可靠性始终处于最高水平;当 $\gamma = 2.0$ 时,多条路径的行程时间可靠性达到 1,无法有效区分各路径行程时间可靠性,见表 4-7。

表 4-7 不同可接受水平下的各路径行程时间可靠性

γ	路径																		
	1	2	3	4	5	6	7	8	9	10	11	12	13	14	15	16	17	18	19
1.2	0.12	0.00	0.14	0.20	0.24	0.33	0.10	0.31	0.04	0.00	0.09	0.13	0.00	0.05	0.05	0.00	0.18	0.19	0.48
1.35	0.19	0.05	0.43	0.40	0.44	0.58	0.20	0.31	0.08	0.00	0.26	0.29	0.14	0.14	0.18	0.28	0.45	0.43	0.52
1.5	0.27	0.19	0.62	0.70	0.72	0.92	0.30	0.44	0.17	0.29	0.48	0.58	0.24	0.36	0.59	0.60	0.77	0.67	0.78
1.6	0.42	0.29	0.62	0.80	0.84	1.00	0.30	0.63	0.21	0.52	0.65	0.63	0.43	0.50	0.64	0.72	0.95	0.76	0.93
2.0	0.73	0.86	1.00	0.85	1.00	1.00	0.50	0.75	0.58	0.90	1.00	0.96	0.57	1.00	0.82	1.00	1.00	1.00	1.00

绘制以上不同可接受水平下的路径行程时间可靠性数据拟合曲线,如图 4-15 所示,发现,当可接受水平 $\gamma = 1.6$ 时,各路径的行程时间可靠性水平分离程度最高,区分度好。

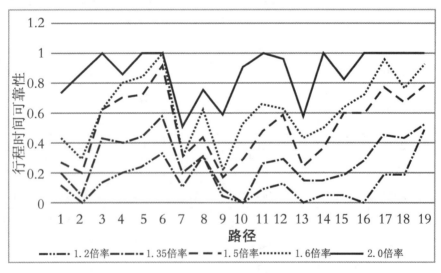

图 4-15 不同可接受水平下的路径行程时间可靠性数据拟合曲线

当可接受水平 $\gamma = 1.6$ 时,路径 6 的行程时间可靠性最高达到 1,路径 17 的行程时间可靠性为 0.95,位居第二,其它路径行程时间可靠性依次递减,按照行程时间可靠性对各路径进行降序排列见表 4-8。

表4-8 $\gamma=1.6$时的路径行程时间可靠性排序表

排 序	行程时间可靠性	路 径	排 序	行程时间可靠性	路 径
1	1.00	6	11	0.63	12
2	0.95	17	12	0.62	3
3	0.93	19	13	0.52	10
4	0.84	5	14	0.50	14
5	0.80	4	15	0.43	13
6	0.76	18	16	0.42	1
7	0.72	16	17	0.30	7
8	0.65	11	18	0.29	2
9	0.64	15	19	0.21	9
10	0.63	8			

路径6：$X-A-B-C-H-M-N-O-Y$，路径长4 434.06m，期望出行时间310.42s，均高于距离最短路径11，但从行程时间可靠性角度考虑，路径6的行程时间可靠性（第一）远远高于路径11（第八），因此，路径6作为从起点X到讫点Y的路径选择方案。

4.4.4 单目的地随机动态复杂路网路径选择仿真-权值异化Dijkstra算法

对仿真车辆进行检测，获得每一路段多个样本（20个以上）的行程时间，见表4-9。

表4-9 路段行程时间统计表（一）

序	XA	AB	BC	CD	DE	EJ	JO	OY
1	00:00:16	00:00:36	00:00:18	00:01:20	00:00:57	00:00:55	00:05:31	00:00:07
2	00:00:17	00:00:36	00:00:16	00:00:31	00:00:45	00:00:47	00:02:11	00:00:07
3	00:00:22	00:01:48	00:00:18	00:00:35	00:01:24	00:00:38	00:03:56	00:00:08
4	00:01:34	00:01:16	00:00:16	00:00:38	00:00:42	00:00:57	00:03:27	00:00:07
5	00:00:19	00:01:22	00:00:17	00:00:34	00:00:42	00:00:42	00:02:08	00:00:08
6	00:01:37	00:02:13	00:00:15	00:01:44	00:00:35	00:00:34	00:07:16	00:00:08
7	00:01:36	00:00:54	00:00:15	00:01:10	00:00:37	00:00:36	00:02:20	00:00:06
8	00:00:18	00:00:36	00:00:16	00:01:30	00:00:35	00:00:47	00:02:18	00:00:07
9	00:00:20	00:01:28	00:00:21	00:01:41	00:01:41	00:00:39	00:02:14	00:00:08
10	00:00:17	00:01:19	00:00:17	00:01:11	00:00:36	00:00:48	00:07:17	00:00:08
11	00:01:27	00:02:17	00:00:18	00:00:28	00:00:39	00:00:33	00:03:14	00:00:06
12	00:00:17	00:00:55	00:00:18	00:01:20	00:00:57	00:00:54	00:05:33	00:00:06

续表

序	XA	AB	BC	CD	DE	EJ	JO	OY
13	00:00:33	00:02:07	00:00:21	00:00:27	00:00:36	00:00:36	00:08:34	00:00:08
14	00:00:17	00:01:53	00:00:18	00:00:46	00:00:51	00:00:42	00:01:40	00:00:07
15	00:00:48	00:00:17	00:00:58	00:00:30	00:00:51	00:00:39	00:02:39	00:00:07
16	00:01:27	00:00:40	00:00:24	00:00:30	00:01:35	00:00:38	00:08:10	00:00:11
17	00:00:15	00:00:34	00:00:18	00:00:45	00:01:00	00:00:35	00:07:27	00:00:06
18	00:00:20	00:01:10	00:00:21	00:00:27	00:00:43	00:00:55	00:02:30	00:00:09
19	00:01:25	00:01:15	00:00:23	00:00:35	00:00:34	00:00:39	00:03:46	00:00:09
20	00:01:23	00:01:26	00:00:20	00:01:00	00:00:44	00:00:33	00:02:42	00:00:07

表4-9 路段行程时间统计表(二)

序	DI	IJ	IN	NO	CH	HI	HM	MN
1	00:00:51	00:00:39	00:00:53	00:01:35	00:00:59	00:00:39	00:01:06	00:00:52
2	00:01:19	00:00:35	00:01:25	00:01:36	00:00:41	00:00:35	00:01:04	00:00:52
3	00:01:13	00:00:39	00:02:02	00:01:25	00:01:08	00:00:37	00:00:49	00:00:49
4	00:00:45	00:00:35	00:02:00	00:01:38	00:01:37	00:01:16	00:00:55	00:00:44
5	00:01:09	00:00:39	00:01:51	00:01:38	00:01:15	00:00:51	00:00:51	00:01:18
6	00:00:38	00:00:41	00:00:51	00:00:47	00:01:08	00:01:07	00:00:54	00:05:47
7	00:01:10	00:00:35	00:00:58	00:01:41	00:01:05	00:00:31	00:01:11	00:00:58
8	00:00:36	00:00:42	00:01:51	00:01:37	00:00:58	00:00:38	00:00:46	00:03:02
9	00:00:46	00:00:31	00:02:20	00:01:46	00:00:45	00:00:36	00:01:09	00:02:02
10	00:00:54	00:00:39	00:01:54	00:02:01	00:00:40	00:00:33	00:00:54	00:00:51
11	00:00:42	00:00:34	00:01:29	00:01:52	00:01:11	00:00:46	00:00:45	00:00:47
12	00:00:42	00:00:41	00:02:37	00:01:32	00:00:47	00:01:02	00:01:04	00:00:44
13	00:00:45	00:00:32	00:01:04	00:01:18	00:01:13	00:01:11	00:01:15	00:00:45
14	00:00:54	00:00:39	00:01:56	00:01:40	00:01:08	00:00:33	00:00:47	00:01:03
15	00:01:00	00:00:32	00:01:48	00:01:29	00:01:04	00:00:41	00:00:51	00:01:01
16	00:00:40	00:00:36	00:01:06	00:01:20	00:01:41	00:00:38	00:00:54	00:00:54
17	00:00:39	00:00:33	00:01:36	00:01:16	00:00:43	00:00:47	00:00:37	00:00:51
18	00:00:41	00:00:38	00:01:24	00:01:18	/	00:00:48	00:01:23	00:00:47
19	00:00:37	00:00:34	00:01:53	00:01:27	/	00:00:35	00:01:04	00:00:40
20	00:00:52	00:00:40	00:01:54	00:01:24	/	00:00:53	00:01:06	00:01:00

第4章 以行程时间可靠性为权值的复杂路网车辆路径选择算法研究

表4-9 路段行程时间统计表(三)

序	BG	GH	GL	LM	AF	FG	FK	KL
1	00:00:53	00:00:09	00:01:11	00:00:35	00:00:31	00:00:49	00:01:18	00:00:38
2	00:01:46	00:00:35	00:01:04	00:00:26	00:01:33	00:00:47	00:01:00	00:01:01
3	00:03:19	00:00:11	00:00:38	00:00:28	00:00:30	00:02:04	00:01:36	00:00:34
4	00:02:42	00:00:10	00:01:13	00:00:39	00:00:47	00:01:07	00:02:15	00:00:36
5	00:01:28	00:00:10	00:00:46	00:00:30	00:00:56	00:02:08	00:02:39	00:01:07
6	00:02:22	00:00:12	00:01:17	00:00:33	00:00:53	00:00:39	00:01:29	00:02:29
7	00:01:42	00:00:11	00:02:33	00:00:38	00:00:31	00:00:51	00:00:58	00:01:34
8	00:06:45	00:00:32	00:00:35	00:00:28	00:00:34	00:01:21	00:01:48	00:02:15
9	00:02:14	00:00:24	00:02:46	00:00:38	00:00:26	00:02:06	00:01:48	00:02:10
10	00:03:20	00:00:31	00:01:15	00:00:38	00:00:30	00:02:02	00:03:33	00:01:22
11	00:01:25	00:00:47	00:01:35	00:00:24	00:00:30	00:00:49	00:01:44	00:00:34
12	00:03:49	00:00:53	00:02:03	00:00:27	00:00:43	00:01:30	00:01:36	00:00:58
13	00:03:53	00:00:15	00:02:27	00:00:32	00:00:33	00:01:09	00:01:36	00:02:24
14	00:01:48	00:00:24	00:02:27	00:00:23	00:00:29	00:00:39	00:02:01	00:02:15
15	00:03:38	00:00:31	00:02:33	00:00:23	00:00:27	00:00:55	00:02:12	00:01:30
16	00:00:54	00:00:24	00:01:07	00:00:30	00:01:09	00:01:32	00:01:02	00:01:33
17	00:00:55	00:00:57	00:00:50	00:00:35	00:01:21	00:02:03	00:03:25	00:00:45
18	00:01:26	00:00:09	00:01:36	00:00:27	00:00:30	00:02:00	00:01:55	00:01:26
19	00:00:39	00:00:21	00:02:30	00:00:28	00:00:28	/	00:00:56	00:00:35
20	00:01:18	00:00:36	00:02:31	00:00:28	00:00:28	/	00:01:30	00:00:42

求取各路段行程时间可靠性,不同可接受水平下的路段行程时间可靠性不同。各路段在不同可接受水平下的行程时间可靠性见表4-10。

表4-10 不同可接受水平下的路段行程时间可靠性

路段	1.2倍率	1.3倍率	1.4倍率	1.5倍率	1.6倍率	1.7倍率	1.8倍率	1.9倍率	2.0倍率
XA	0.55	0.55	0.55	0.55	0.55	0.55	0.6	0.6	0.6
AB	0.3	0.3	0.35	0.4	0.40	0.4	0.45	0.45	0.55
BC	0.7	0.85	0.9	0.95	0.95	0.95	0.95	0.95	0.95
CD	0.5	0.5	0.6	0.6	0.60	0.6	0.65	0.65	0.65
DE	0.7	0.7	0.85	0.85	0.85	0.85	0.85	0.85	0.9

续表

路段	1.2倍率	1.3倍率	1.4倍率	1.5倍率	1.6倍率	1.7倍率	1.8倍率	1.9倍率	2.0倍率
EJ	0.65	0.8	0.85	1	1.00	1	1	1	1
JO	0.2	0.3	0.35	0.45	0.45	0.45	0.5	0.55	0.55
OY	0.95	0.95	1	1	1.00	1	1	1	1
DI	0.75	0.75	0.8	0.85	0.95	0.95	1	1	1
IJ	1	1	1	1	1.00	1	1	1	1
IN	0.25	0.25	0.25	0.35	0.40	0.45	0.45	0.6	0.8
NO	0.85	0.95	1	1	1.00	1	1	1	1
CH	0.29	0.41	0.47	0.71	0.82	0.88	0.88	0.88	0.88
HI	0.6	0.7	0.8	0.8	0.85	0.85	0.9	0.95	1
HM	0.35	0.45	0.45	0.55	0.75	0.9	0.95	1	1
MN	0.65	0.8	0.8	0.8	0.85	0.85	0.85	0.85	0.85
BG	0.2	0.2	0.2	0.2	0.20	0.25	0.25	0.35	0.4
GH	0.35	0.35	0.4	0.4	0.40	0.4	0.4	0.4	0.45
GL	0.2	0.2	0.2	0.2	0.30	0.35	0.45	0.5	0.5
LM	0.7	0.8	1	1	1.00	1	1	1	1
AF	0.65	0.7	0.75	0.75	0.80	0.85	0.85	0.85	0.85
FG	0.39	0.50	0.50	0.50	0.56	0.61	0.67	0.67	0.67
FK	0	0	0	0.1	0.20	0.2	0.2	0.2	0.25
KL	0.35	0.35	0.4	0.45	0.50	0.5	0.5	0.5	0.55

为了便于根据可靠性变化幅度寻找合适的可接受水平，将表4-9数据转化为可靠性波动曲线，如图4-16所示。

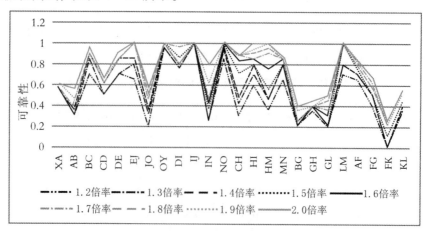

图4-16 可靠性波动曲线

第4章 以行程时间可靠性为权值的复杂路网车辆路径选择算法研究

分析上图发现，当可接受水平为1.6时，不同路段的可靠性区分度最大，同时与枚举法选择的可接受水平一致。因此在接下来的最可靠路径分析中，计算可靠性依据的可接受水平选择1.6倍率。此时的路段可靠性权值路网模型如图4-17所示。

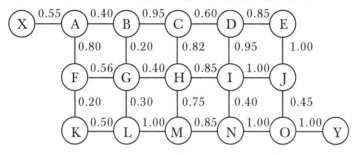

图4-17 路段可靠性权值路网模型

按照权值异化Dijkstra算法求最可靠路径的计算要求，将路段权值的可靠性转化为以0.1为底的对数值，如图4-18所示。

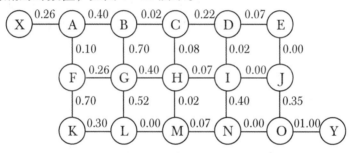

图4-18 路段可靠性异化权值路网模型

应用Dijkstra算法，对各节点进行考察和标定，标定完成后，即可获得从 X 点到 Y 点权值之和最小的路径，即最可靠路径。标定结果如图4-19所示。

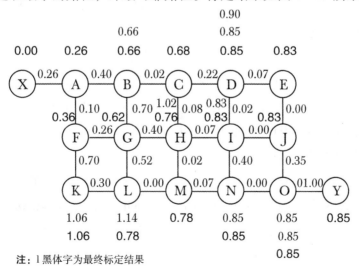

注：1 黑体字为最终标定结果

图4-19 路网节点标定结果图

标定过程按照以下步骤进行：

step1：对所有节点进行初始标号，其中 X 点初始标号值为0，其它各点的初始标号值为∞；

step2：考察 X 点

$T(A) = \min[T(A), r(X) + a_{XA}] = \min[\infty, 0 + 0.26] = 0.26$

Step3：考察 A 点

$T(B) = \min[T(B), r(A) + a_{AB}] = \min[\infty, 0.26 + 0.40] = 0.66$

$T(F) = \min[T(F), r(A) + a_{AF}] = \min[\infty, 0.26 + 0.10] = 0.36$

比较 $T(F) < T(B)$，所以 F 点被标定，且 $r(F) = 0.36$

Step4：考察 F 点

$T(G) = \min[T(G), r(F) + a_{FG}] = \min[\infty, 0.36 + 0.26] = 0.62$

$T(K) = \min[T(K), r(F) + a_{FK}] = \min[\infty, 0.36 + 0.70] = 1.06$

比较 $T(G) < T(K)$，所以 G 点被标定，且 $r(G) = 0.62$

Step5：考察 G 点

$T(B) = \min[T(B), r(G) + a_{GB}] = \min[0.66, 0.62 + 0.70] = 0.66$

$T(H) = \min[T(H), r(G) + a_{GH}] = \min[\infty, 0.62 + 0.40] = 1.02$

$T(L) = \min[T(L), r(G) + a_{GL}] = \min[\infty, 0.62 + 0.52] = 1.14$

比较 $T(B) < T(H) < T(L)$，所以 B 点被标定，且 $r(B) = 0.66$。此时 B 的标号由路径 AB 获得。

Step6：考察 B 点

$T(C) = \min[T(C), r(B) + a_{BC}] = \min[\infty, 0.66 + 0.02] = 0.68$

所以 C 点被标定，且 $r(C) = 0.68$

Step7：考察 C 点

$T(D) = \min[T(D), r(C) + a_{CD}] = \min[\infty, 0.68 + 0.22] = 0.90$

$T(H) = \min[T(H), r(C) + a_{CH}] = \min[1.02, 0.68 + 0.08] = 0.76$

比较 $T(H) < T(D)$，所以 H 点被标定，且 $r(H) = 0.76$

Step8：考察 H 点

$T(I) = \min[T(I), r(H) + a_{HI}] = \min[\infty, 0.76 + 0.07] = 0.83$

$T(M) = \min[T(M), r(H) + a_{HM}] = \min[\infty, 0.76 + 0.02] = 0.78$

比较 $T(M) < T(I)$，所以 M 点被标定，且 $r(M) = 0.78$

Step9：考察 M 点

$T(N) = \min[T(N), r(M) + a_{MN}] = \min[\infty, 0.78 + 0.07] = 0.85$

第4章 以行程时间可靠性为权值的复杂路网车辆路径选择算法研究

$T(L) = \min[T(L), r(M) + a_{ML}] = \min[1.02, 0.78 + 0.00] = 0.78$

比较 $T(L) < T(N)$，所以 L 点被标定，且 $r(L) = 0.78$

Step10：考察 L 点

$T(K) = \min[T(K), r(L) + a_{LK}] = \min[1.06, 0.78 + 0.30] = 1.06$

所以 K 点被标定，且 $r(K) = 1.06$。然而与 K 邻接点均已标定，逆向寻找有未标定邻接点的标定点，M 点有未被标定邻接点 N 点，其标号来自路径 MN，将其标号固定。

Step11：考察 N 点

$T(I) = \min[T(I), r(N) + a_{NI}] = \min[0.83, 0.85 + 0.40] = 0.83$

$T(O) = \min[T(O), r(N) + a_{NO}] = \min[\infty, 0.85 + 0.00] = 0.85$

比较 $T(I) < T(O)$，所以 I 点被标定，且 $r(I) = 0.83$

Step12：考察 I 点

$T(D) = \min[T(D), r(I) + a_{ID}] = \min[0.90, 0.83 + 0.02] = 0.85$

$T(J) = \min[T(J), r(I) + a_{IJ}] = \min[\infty, 0.83 + 0.00] = 0.83$

比较 $T(J) < T(D)$，所以 J 点被标定，且 $r(J) = 0.83$

Step13：考察 J 点

$T(E) = \min[T(E), r(J) + a_{JE}] = \min[\infty, 0.83 + 0.00] = 0.83$

$T(O) = \min[T(O), r(J) + a_{JO}] = \min[0.85, 0.83 + 0.35] = 0.85$

比较 $T(E) < T(O)$，所以 E 点被标定，且 $r(E) = 0.83$。

Step14：考察 E 点

$T(D) = \min[T(D), r(E) + a_{ED}] = \min[0.85, 0.83 + 0.07] = 0.85$

所以 D 点被标定，且 $r(D) = 0.85$。然而与 D 邻接点均已标定，逆向寻找有未标定邻接点的标定点，J 点有未被标定邻接点 O 点，其标号来自路径 NO，将其标号固定。

Step15：考察 O 点

$T(Y) = \min[T(Y), r(O) + a_{OY}] = \min[\infty, 0.85 + 0.00] = 0.85$

所以 Y 点被标定，且 $r(Y) = 0.85$

各节点被标定顺序如下：

(1) X

(2) $X - A$

(3) $X - A - F$

(4) $X - A - F - G$

(5) $X-A-B$（第一次转折）

(6) $X-A-B-C$

(7) $X-A-B-C-H$

(8) $X-A-B-C-H-M$

(9) $X-A-B-C-H-M-L$

(10) $X-A-B-C-H-M-L-K$

(11) $X-A-B-C-H-M-N$（第二次转折）

(12) $X-A-B-C-H-M-N-I$

(13) $X-A-B-C-H-M-N-I-J$

(14) $X-A-B-C-H-M-N-I-J-E$

(15) $X-A-B-C-H-M-N-I-J-E-D$

(16) $X-A-B-C-H-M-N-O$（第三次转折）

(17) $X-A-B-C-H-M-N-O-Y$

应用Dijkstra算法，得到从X点到Y点的最可靠路径为$X-A-B-C-H-M-N-O-Y$，即路径6。可见该方法与枚举法获得的结果一致。

4.4.5 多目的地随机动态复杂路网路径选择仿真

对于多目的地的路径选择问题，设定所有车辆在路网中运行满足先进先出（First in First out, FIFO）的运行规则，且车辆行驶路径上无环路。

所有车辆在图4-12所示的复杂路网模型中要由X点到达其余各点，求X点到各点间所有可能路径中行程时间可靠性最大的路径。

根据Dijkstra算法的运算规则，图4-19中各顶点最终的标号就是车辆在路网中由X点到各顶点最可靠路径以0.1为底的对数值，据此得到各条最可靠路径，如表4-11所示。

表4-11 多目的地复杂路网最可靠路径表

序 号	OD	最可靠路径
1	XA	$X-A$
2	XB	$X-A-B$
3	XC	$X-A-B-C$
4	XD	$X-A-B-C-H-I-D$
5	XE	$X-A-B-C-H-I-J-E$
6	XF	$X-A-F$

续表

序　号	OD	最可靠路径
7	XG	$X-A-F-G$
8	XH	$X-A-B-C-H$
9	XI	$X-A-B-C-H-I$
10	XJ	$X-A-B-C-H-I-J$
11	XK	$X-A-F-K$
12	XL	$X-A-B-C-H-M-L$
13	XM	$X-A-B-C-H-M$
14	XN	$X-A-B-C-H-M-N$
15	XO	$X-A-B-C-H-M-N-O$
16	XY	$X-A-B-C-H-M-N-O-Y$

4.5 本章小结

通过随机动态行程时间可靠性指标，可以有效地消除行程时间的不确定性，在单目的地复杂路网路径选择中，通过对数变换，使用 Dijkstra 算法进行最可靠路径的求解；在多目的地复杂路网路径选择中，通过局部调整，同样可以获得可靠性较高的路径集合。

样本调查得到的最可靠路径与依据本文算法得到的最可靠路径结果完全一致，证明了本书提出的权值异化的 Dijkstra 算法确实可行。

研究结果表明，使用随机动态行程时间可靠性在复杂路网车辆路径选择中作为关键控制指标可有效地获取最可靠路径，基于算法建立的仿真模型算法可以有效降低对实地调研车辆数据的依赖程度。

第5章 结论和展望

5.1 研究结论

本书在构建随机动态行程时间可靠性模型基础上进行了明确路径集路径选择算法、单目的地复杂路网路径选择算法、多目的地复杂路网路径选择算法的研究。

研究成果建立在对国内外学者关于车辆路径选择、行程时间可靠性研究的全面、深入分析的基础上，利用集散波理论将行程时间预测模型在随机动态环境下的研究进一步深化，将多个角度的路径选择算法进行了优化。全文总结如下：

研究过程从路段到路径、从行程时间到行程时间可靠性、从理论模型到仿真模型，研究过程层层推进，努力做到研究的系统性、可靠性和有效性。

（1）行程时间可靠性研究的基础及核心是路段行程时间。有针对性地分析了与随机动态网络相关的期望行程时间算法，依托于集散波理论对随机动态路网条件下的路段行程时间研究，将路段行程时间从形态上划分为行驶段与排队段；根据车辆位置与集结波波面位置之间的相对位置关系，结合信号配时、行车速度及疏散波运行特征，将车辆排队长度随时间变化产生的后果、实时道路服务水平对车流运行速度的影响、以及多重相位周期的影响纳入模型分析范围，构建出随机动态路段行程时间预测模型；在获得的行程时间预测集的基础上进行行程时间可靠性计算；将模型相关参数、变量进行标定，并引入实际案例进行模型有效性验证，验证结果可靠。

（2）在随机动态路网条件下路段分析的基础上构建随机动态路径行程时间及行程时间可靠性模型；针对时间窗限制的明确路径集路径选择问题构建三段式路径选择模型：使用期望行程时间剔除时间窗要求之外的路径、使用预测行程时间集的上界保证所选的路径合理、使用行程时间可靠性从概率角度提升路径选择的准确性，将路径行程时间的期望值、预测值作为路径选择的依据，同时将路径行程时间可靠性作为路径选择的最终判定标准；使用案例进行算法有效性检验，效果良好。

（3）为了从多角度验证本文提出的行程时间预测方法及路径选择算法的有效性，进一步将车辆间的相互影响、车道变换等随机扰动因素带来的行程时间波动纳入研究范围，并且减小每次路径选择均需获取大量实地调研车辆数据的操作难度，

第 5 章 结论和展望

使用 Aimsun 建立仿真模型，仿真结果显示，仿真模型与理论模型在路径选择结果方面具有一致性，本文建立的随机动态行程时间及行程时间可靠性模型能够提供较为精准的预测值，结合三段式路径选择算法形成有效的路径选择模式。

（4）在本书建立的随机动态行程时间可靠性模型的基础上，提出了用经过对数变换的行程时间可靠性作为权值，使用 *Dijkstra* 算法进行单目的地随机动态复杂路网路径选择和多目的地随机动态复杂路网路径选择。通过实际案例对复杂网络随机动态路径选择算法进行仿真建模分析，验证了算法的有效性，有效降低对实地调研车辆数据的依赖程度。

总体而言，通过建立全新的随机动态行程时间预测模型，用于多角度的路径选择分析，从理论及仿真两个不同角度验证了本文提出的算法及逻辑清晰有效。

5.2 研究工作展望

本书将建立的随机动态行程时间可靠性算法用于车辆路径选择，设计了分别针对明确路径集与复杂路网的车辆路径选择算法分析系统，在此领域中许多有价值的科学问题还有待于进一步的研究。

（1）关于随机动态行程时间的预测，当路段长度较大或者路段发生严重拥堵时，按照本书提供的预测模型，会产生较多的分支情况，可能会导致求解耗时较长，算法时间、空间效率下降的问题，未来将对计算规模上限进行进一步的研究。

（2）两类路径选择算法中均未对路段由于事故或灾害导致路段连通性为零的情况进行分析。当路段连通性为零时，路网形态发生变化。针对此时的随机路网进行路径选择的研究是未来研究的重点。

（3）如何将明确路径集与复杂网络下的随机动态路径选择算法进行统一求解，在复杂网络下进行多目标分层路径选择算法研究是未来重点考虑的问题。

（4）本书成果可用于指导出行，但具体的运行平台、发布模式有待进一步的细化研究。未来将开展把路径选择结果在可变信息板、导航系统信息中发布模式的研究。

在未来的研究工作中，这些都是有价值和意义，值得进一步展开的工作。

参考文献

[1] BELL M, CASSIR C, IIDA Y, et al. A Sensitivity Based Approach to Network Reliability Assessment [C] // 14th International Symposium on Transportation and Traffic Theory. 1999: 283 - 300.

[2] LAM W H K, XU G. A Traffic Flow Simulator for Network Reliability Assessment [J]. Journal of Advanced Transportation, 1999, 33 (2): 159 - 182

[3] CHEN A, RECKER W. Considering Risk Taking Behavior in Travel Time Reliability [C] // Proceedings of 80th Transportation Research Board Annual Meeting, Washington, D. C., 2000.

[4] EMAM E, AI - DEEK H. Using Real - Life Dual - Loop Detector Data to Develop New Methodology for Estimating Freeway Travel Time Reliability [J]. Transportation Research Record Journal of the Transportation Research Board, 2006, 1959 (1): 140 - 150.

[5] LINT J W C V, ZUYLEN H J V. Monitoring and Predicting Freeway Travel Time Reliability: Using Width and Skew of Day - to - day Travel Time Distribution [J]. Transportation Research Record Journal of the Transportation Research Board, 2005, 1917 (1): 54 - 62.

[6] BOGERS, ENIDE A I, VAN LINT, et al. Travel time reliability: Effective measures from behavioral point of view [C] // The 87th Annual meeting Transportation Research Board, Washington DC, 2008

[7] RAKHA H A, El - SHAWARBY I, ARAFEH M, et al. Estimating Path Travel - Time Reliability [C] // Intelligent Transportation Systems Conference, 2006. ITSC 06. IEEE. IEEE, 2006: 236 - 241.

[8] YIN Y, LAM W H K, IEDA H. New Technology and the Modeling of Risk - Taking Behavior in Congested Road Networks [J]. Transportation Research Part C, 2004, 12 (3): 171 - 192.

[9] ASAKURA, Y. Evaluation of Network Reliability Using Stochastic User Equilibrium [J]. Journal of Advanced Transportation, 1999, 33 (2): 147 - 158

[10] LIU H X, BAN X, RAN B, et al. An Analytical Dynamic Traffic Assignment Model with Probabilistic Travel Times and Travelers′Perceptions [J]. Transportation Research Record Journal of the Transportation Research Board, 2002, 1783 (102754).

[11] SHAO H, LAM W H K, MEI L T. A Reliability – Based Stochastic Traffic Assignment Model for Network with Multiple User Classes under Uncertainty in Demand [J]. Networks & Spatial Economics, 2006, 6 (3 – 4): 173 – 204.

[12] LO H K, TUNG Y K. Network with Degradable Links: Capacity Analysis and Design [J]. Transportation Research Part B: Methodological 2003, 37 (4): 345 – 363

[13] LO H K, LUO X W, SIU BW Y. Degradable Transport Network: Travel Time Budget of Travelers with Heterogeneous Risk Aversion [J]. Transportation Research Par B: Methodological, 2006, 40 (9): 792 – 806

[14] WANG JING, HE JIE, WU LIAN. Evaluating Approach of Travel Time Reliability for Highway Network Under Rain Environment [J]. Journal of Transportation Systems Engineering and Information Technology. 2011, 11 (6), 117 – 123

[15] TAYLOR, MICHAEL A. P. Fosgerauś Travel Time Reliability Ratio and the Burr Distribution [J]: Transportation Research Part B – Methodological. 2017, 97: 50 – 63

[16] 侯立文, 蒋馥. 基于道路网的可靠性仿真 [J]. 系统仿真学报, 2002, 14 (5): 664 – 668

[17] Al – DEEK H M, EMAM E B. Computing Travel Time Reliability in Transportation Networks with Multistates and Dependent Link Failures [J]. Journal of Computing in Civil Engineering, 2006, 20 (20): 317 – 327.

[18] KNOOP, VICTOR LAMBERT, HOOGENDOORN, et al. Quantification of the impact of spiliback modeling in assessing network reliability [C] // The 86th Annual Meeting Transportation Research Board, Washington DC, 2007

[19] NG M W, SZETO W Y, WALLER S T. Distribution – Free Travel Time Reliability Assessment with Probability Inequalities [J]. Transportation Research Part B, 2011, 45 (6): 852 – 866.

[20] WAKABAYASSHI H, MATSUMOTO Y. Comparative Study on Travel Time Reliability Indexes for Highway Users and Operators [J]. Journal of Advanced Transportation, 2012, 46 (4): 318 – 339.

[21] WANG J Y T, EHRGOTT M, CHEN A. A Bi-objective User Equilibrium Model of Travel Time Reliability in a Road Network [J]. Transportation Research Part B Methodological, 2014, 66 (8): 4-15.

[22] JANE C, LAIH Y. System Travel Time Reliability: A Measure of the Quality of Service of Networks [J]. Quality & Reliability Engineering International, 2016, 32 (3): 805-815.

[23] 裴玉龙, 盖春英. 公路网络运营可靠度研究 [J]. 公路交通科技, 2005, 22 (5): 119-123.

[24] 刘海旭, 蒲云. 弹性需求随机路网的可靠性 [J]. 公路交通科技, 2005, 22 (7): 97-100

[25] 马寿峰, 贺正冰, 张思伟. 基于风险的交通网络可靠性分析方法 [J]. 系统工程理论与实践, 2010, 30 (3): 550-556

[26] 冷军强, 张亚平, 赵兴奎, 等. 基于广义出行费用的城市路网行程时间可靠性 [J]. 公路交通科技, 2010, 27 (7): 133-137

[27] 陈富坚, 柳本民, 郭忠印, 等. 基于贝叶斯分析的道路交通系统可靠性模型 [J]. 同济大学学报（自然科学版）, 2011, 39 (2): 220-225

[28] YAO B, HU P, LU X, et al. Transit Network Design Based on Travel Time Reliability [J]. Transportation Research Part C Emerging Technologies, 2014, 43: 233-248.

[29] 何娇娇, 张勇. 行程时间可靠性及其价值估计分析 [J], 系统工程, 2016, 34 (7): 110-117

[30] CJEN B Y, YUAN H, Li Q, et al. Measuring Place-based Accessibility under Travel Time Uncertainty [J]. International Journal of Geographical Information Systems, 2017, 31 (4): 783-804.

[31] ABDEL-ATY M A, KITAMURA R, JOVANIS P P. Investigating Effect of Travel Time Variability on Route Choice Using Repeated Measurement Stated Preference Data [J]. Transportation Research Record Journal of the Transportation Research Board, 1995, 1493 (1493): 39-45.

[32] XIONG Z H, Yao Z S, Shao C F. Travel Time Reliability Based on Dependent Links [C] // 11th international conference on concurrent engineering, Beijing, 2004: 707-710

[33] WILLIAM H, CHEN C, CHAN K S, et al. Optimizing Vehicle Fleet Management

with Travel Time Reliability Constraint [J]. Communication & Transportation Systems Engineering & Information, 2005.

[34] LYMAN K, BERTINI R L. Using Travel Time Reliability Measures to Improve Regional Transportation Planning and Operations [J]. Transportation Research Record Journal of the Transportation Research Board, 2008, 2046: 1 - 10.

[35] JONG G C D, BLIEMER M C J. On Including Travel Time Reliability of Road Traffic in Appraisal [J]. Transportation Research Part A, 2015, 73: 80 - 95.

[36] 唐连生, 程文明, 梁剑等. 基于行程时间可靠性的车辆路径问题研究 [J]. 统计与决策, 2008, 20: 169 - 171

[37] 李蜜, 王霞, 李金良. 交通拥堵下基于可靠度的出行路径模型及算例分析 [J]. 武汉理工大学学报, 2011, 33 (9): 67 - 71

[38] 杨庆芳, 韦学武, 林赐云, 等. 基于时空贝叶斯模型的行程时间可靠性预测 [J]. 华南理工大学学报 (自然科学版), 2016, 44 (4): 115 - 122.

[39] 宋博文, 张俊友, 李庆印, 等. 基于交通波理论的改进动态路阻函数 [J]. 重庆交通大学学报 (自然科学版), 2014, 33 (1): 106 - 110.

[40] 王荣彦. 城市交通流诱导系统动态路阻函数及最优路径算法研究 [D]. 西安: 长安大学. 2008